吉林省教育厅科学研究项目成果

东北方言文化的多角度研究

魏 薇 著

北京工业大学出版社

图书在版编目（CIP）数据

东北方言文化的多角度研究 / 魏薇著 . — 北京：
北京工业大学出版社，2022.12
ISBN 978-7-5639-8600-2

Ⅰ . ①东… Ⅱ . ①魏… Ⅲ . ①北方方言－方言研究－
东北地区 Ⅳ . ① H172.1

中国国家版本馆 CIP 数据核字（2023）第 010639 号

东北方言文化的多角度研究
DONGBEI FANGYAN WENHUA DE DUOJIAODU YANJIU

著　　者：魏　薇
责任编辑：乔爱肖
封面设计：知更壹点
出版发行：北京工业大学出版社
　　　　　（北京市朝阳区平乐园 100 号　邮编：100124）
　　　　　010-67391722（传真）　bgdcbs@sina.com
经销单位：全国各地新华书店
承印单位：北京银宝丰印刷设计有限公司
开　　本：710 毫米 ×1000 毫米　1/16
印　　张：10.25
字　　数：205 千字
版　　次：2022 年 12 月第 1 版
印　　次：2022 年 12 月第 1 次印刷
标准书号：ISBN 978-7-5639-8600-2
定　　价：60.00 元

作者简介

魏薇，女，1980 年 7 月出生，吉林省通化市人，毕业于厦门大学，博士研究生学历，现任通化师范学院副教授。研究方向：现代汉语与方言。主持并完成吉林省教育厅科研项目两项、吉林省教育科学规划项目两项，发表论文十余篇。

前　言

　　方言既是文化的重要组成部分，也是文化的重要载体。以东北方言为代表的东北文化是中国文化的重要组成部分。东北方言的形成与发展受多方面因素的影响，既受国内外不同文化的影响，也有自身的发展规律。文化与语言是密不可分的。随着普通话的推广、经济全球化的推进，方言受到了一定程度的冲击，东北方言也发生了一定的变化。方言是地域文化的载体，体现一定地域居民的精神面貌。我们应意识到方言研究的重要性，给予方言充分的保护。

　　全书共六章。第一章为绪论，主要阐述了方言与东北方言、东北方言的特点、东北方言的地位、东北方言的历史流变、东北方言的文化价值等内容；第二章为东北方言本体概貌，主要阐述了东北方言语音、东北方言词汇、东北方言语法等内容；第三章为东北方言的根基与血脉，主要阐述了汉文化对东北方言的影响、多民族的融合与衍变、闯关东文化对东北方言的影响等内容；第四章为东北方言的语言文化特色，主要阐述了东北方言的幽默特色、东北方言的生动特色、东北方言的艺术价值等内容；第五章为东北方言的地域文化体现，主要阐述了东北方言对东北人性格的反映、东北方言对东北地域文化的折射等内容；第六章为东北方言的应用及发展趋势，主要阐述了东北方言的应用范围、东北方言的发展趋势等内容。

　　本书为吉林省教育厅科学研究项目——乡村振兴视角的东北方言词汇文化研究，项目编号为 JJKH20220498SK。

　　笔者在撰写本书的过程中借鉴和吸收了许多研究成果，参考了大量的文献资料。在此，谨向各位专家、学者表示诚挚的谢意！

　　由于笔者的学识、精力方面的局限，书中难免有不足之处，敬请各位读者不吝赐教。

目　录

第一章　绪论

方言是一种社会现象。东北方言是东北历史的熔铸和自然的陶冶而形成的独特文化现象，在汉语中有着重要的地位。本章分为方言与东北方言、东北方言的特点、东北方言的地位、东北方言的历史流变、东北方言的文化价值五部分。

第一节　方言与东北方言

一、方言

（一）方言的定义

方言有着悠久的历史，语言地理差异是形成方言的首要条件。造成方言迥异的原因有多方因素，如人口迁移、行政区划、地理位置、交通条件、文化传统等，其中，除了方言自身演化之外，人口迁移是形成语言分化的直接原因。正是因为语言分化和演变促使了方言的形成，因此方言是相对语言而言的，是语言的支派和变体。

方言是一种地域语言。《礼记·王制》中写道："五方之民，言语不通，嗜欲不同。"东汉的王充在《论衡·自纪篇》中提出了"经传之文，圣贤之语，古今言殊，四方谈异也"。西汉扬雄所著的《輶轩使者绝代语释别国方言》是我国第一部方言词典，书中提出的"方言"与当时的"通语"相对。"通语"又称"通名""凡语""凡通之语""四方之通语"，指的是通行范围较广的词语。中国较早记载类似"民族共同语"这样说法的典籍是孔子的《论语·述而》："子所雅言，《诗》《书》、执礼，皆雅言也"。此外，《辞海·雅言》条说："雅言，古时称'共同语'，同'方言'对称。"汉代有了"通语"这样的说法，明代把当时的通用语叫作"官话"，辛亥革命后则有了"国语"这样的说法，"雅言""通

1

语""官话""国语"是我国历代出现的通用语，相当于现在的汉民族共同语——"普通话"。普通话是新中国成立之后确定的汉民族共同语的名称，是以北京语音为标准音、以北方话为基础方言、以典范的现代白话文著作作为语法规范的现代汉民族共同语。民族共同语的形成总是以一种方言作为基础方言的，而普通话就是以北京话作为基础方言的，采用了北京话的语音系统。北京是历史名城，是新中国的首都，是政治、经济、文化的中心，有着其他城市所不具备的优势，因此在确定普通话语音系统时便确定了北京的语音系统，词汇则广泛地采用了北方方言的词汇。

方言是一种以社会文化或地域文化为标志的某个语言的变体，是某一地区文化的总体表象，它的句子结构、语汇及发音与标准语言相比具有一定的特殊性。说话者的籍贯和语言传承是决定使用某种方言的重要因素。方言是地域文化的一种象征和载体，是具有地域性特点的。同一种方言总是集中分布在同一个地域，或者几个省同有一种方言，或者一个省内部有好几种不同的方言，有的甚至同在一个地区也会有一些语音上的差异，"十里不同音，百里不同俗"正是对于方言差异的描述。

现代语言学认为，方言是语言的变体。同属一种语言的方言有共同的历史来源，有共同的词汇和语法结构，其现代的形式在语音上必定有互相对应的关系。方言可分为地域方言和社会方言两大类。地域方言是语言的地域变体，一般说来，同一种地域方言集中分布在同一个地区，除此之外，也有移民带着方言远离故乡的，如流布在海外的粤语和闽南话，而这些远离故乡的方言久而久之会演变成新的地域方言。社会方言是语言的社会变体，使用同一种语言的人因职业、阶层、年龄、性别等不同，口音、措辞、言谈也会有差别。

（二）方言产生的原因及意义

据统计，世界上共有六千种以上的语言，这些语言是各成体系又联系紧密的语言系统。各个语言是当地社会有意无意地相互接受并共用，有相对应的文化、历史、经历和语系支配的词汇系统、语音形式和语法规则构成的符号体系。于是，语言如果偏离此体系的轨道，就会变得要么晦涩难懂、不通顺、无意义，要么转变成另一种语言。

一套语言有可能被使用者或多或少地进行随意、主观、有创造力地调整或修改，那么经过主观改造之后的这种从语言体系内产生出的变体就是方言。此变体现象主要归因于某居民在某一带被有意无意与同一语言的其他地方的居民孤立开了，语言发展不同步了，于是因不能或很少相互交流而慢慢发生语音、词汇、语法、语用等的差异。许多人以为这种差异只是词汇和发音上的差别。不可否认，方言确实有此方面的现象，但方言与源语言的差异并不止于词汇和发音。

所有方言只要不受限制或约束，迟早会变成另一种具有独立体系的语言，如法语、西班牙语、葡萄牙语、意大利语、罗马尼亚语曾是古拉丁语的方言。一种语言产生于另一种语言，而这种语言又会继续分化成其他方言。因此，语言发展是一个不断演变的过程，而在此演变过程中，语言的语音、词汇、语法、语用会发生变化。

对于方言，我们当然不能一概而论。方言演变而成的因素因地而异、因人而异，因此需要从不同的层次研究它。就其发展阶段而言，主要涉及两种：经过变化后内外互通的状态，经过变化后内外不互通的状态。一套通用语下存在的各样方言之间有相对的差距，表现为互通程度的大小。词汇、语音、语法变体的相对差距越小，互通程度就越大；反过来，相对差距越大，互通程度越小。这个由"听得懂"的状态演变成"听不懂"的状态的过程有发展的层次，即词汇变化、语音变化、语法变化。按理，语言既然具有语法规则，"听不懂"的方言就已经达到发生语法结构方面的晚期变体的程度了，不光是词汇和发音的差别。

（三）方言的种类

根据方言形成和发展的历史、方言的特点以及方言调查的结果，语言学界目前对于现代汉语的方言划分存在着一些争议。根据查阅资料，我国的方言种类广泛，有分布地域最广、现代汉民族共同语的基础方言——北方方言，江浙沪地区的吴方言，中国南方的客家人使用的客家方言，福建、台湾、海南等地使用的闽方言等，方言之间的语音、语法、词汇，特别是语音和词汇有很大的差别。

1. 北方方言

北方方言以北京话为代表，是众多方言中一种使用人口最多、使用地域最广的方言，可以分成四个次方言。

①华北、东北方言，通行于北京、天津两市，河北、河南、山东、辽宁、吉林、黑龙江等省以及内蒙古自治区的部分地区。其中，东北三省和河北省的方言接近汉民族共同语——普通话。

②西北方言，通行于山西、陕西、甘肃等省以及青海、宁夏、内蒙古的部分地区。新疆汉族使用的语言也属西北方言。山西及其毗邻陕北部分地区、河南省

黄河以北地区保留古入声字，自成入声调，不同于一般西北方言，也不同于华北方言，近些年有学者认为可以把这一地区的方言独立称为"晋语"。

③西南方言，通行于云南、贵州、四川三省的汉族地区，湖北省大部分地区（东南部、东部除外）以及湖南、广西两省北缘地带。

④江淮方言，俗称下江官话，通行于安徽省、江苏省长江以北大部分地区（徐州、蚌埠一带除外），长江南岸、镇江以西沿江一带。江淮方言是北方方言中内部分歧较大、语言现象较为复杂的一支，以前以南京话为代表，现在一般以扬州话作为江淮官话的代表语。江淮官话的形成应在明代之前。江淮官话在词汇、音韵等方面与北方官话相比具有显著差异，因而在民国时期，淮语一直被认为是与粤语、吴语等并列的汉语大方言，而非官话的分支，直到1955年才首次被划入官话。

2. 吴方言

吴方言又称吴语、江浙话或江南话，以苏州话为代表，但目前普遍认为应以上海话为代表，使用区域分布在江苏省长江以南、镇江以东，南通小部分地区，上海及浙江大部分地区。

3. 客家方言

客家方言以广东梅县话为代表，使用区域分布在广东、江西、福建、广西、四川、浙江、湖南、海南以及台湾等地区。海外的东南亚、美洲、环印度洋地区等也有使用客家话的区域。客家先民是中原的华夏民族，经历了近千年的五次大迁徙。他们的先祖多因中原战乱等，从中原（河南、安徽、山东）南迁至赣南、闽西、粤北，后又因战乱和人口膨胀等原因，一部分又从这三地继续迁往全国其他省份以及东南亚、美洲等地。

4. 闽方言

闽方言的使用区域分布在福建省和海南省的大部分地区、广东东部潮汕地区、雷州半岛部分地区、浙江南部温州地区的一部分、广西的少数地区、台湾省的大多数汉族人口地区。闽方言内部可分为五个部分，每个部分有自己的代表方言：①闽东区，以福州话为代表；②闽南区，以泉州话和漳州话为代表；③闽北区，以建瓯话为代表；④闽中区，以永安话为代表；⑤莆仙区，以莆田话为代表。

5. 粤方言

粤方言以广州话为代表，又称粤语，俗称广东话，当地人称白话，使用区域分布在广东中部、西南部和广西东部、南部以及香港、澳门等地。粤方言是汉语七大方言中语言现象较为复杂、保留古音特点和古词语较多、内部分歧较小的一个方言。

6. 湘方言

湘方言以长沙话为代表，使用区域分布在湖南省大部分地区。从内部语音差异上看，湘方言有新湘语和老湘语的区别。老湘语流行于湖南中部宁乡、衡阳等地，新湘语流行于长沙、株洲等大中城市。

7. 赣方言

赣方言以南昌话为代表，使用区域分布在江西省大部分地区（东北沿长江地区和南部除外）以及福建省西部、湖南省部分县市。因历史上多次北方汉人南迁多从江西中转，加之江西在地理上与江淮方言、湘方言、客家方言区接壤，于是，江西的边缘地区深受其他方言影响，同时赣方言的自身特点被淡化。

（四）方言的传播

方言传播作为语言传播的分支是人类社会的普遍现象，凡是有人存在的地方就会有语言传播，同时语言传播是人类社会长期发展的结果。语言诞生的观点认为，语言的起源和工具的演变息息相关，因此，要想认识方言传播的过程就要认识人类社会的发展过程本身，认识媒介变革经历的过程。用辩证唯物论的观点来看，方言传播伴随着人类生产活动和社会实践的发展，人们通过创造新的传播媒介，不断扩展自身的传播能力，使方言传播范围更加广泛。

追溯方言传播的历史，可以依据两条逻辑演进路线，分别是方言自身的历史演变和方言借助媒介的历史演变。首先，汉语方言的历史演变异常复杂，不仅有方言自身的分化，还包含其与优势方言的融合，同时，方言与共同语既分化又融合的关系也使方言演变处于不同层次迭代变化中。汉语方言随着语言接触、人口迁徙等进行"分化—融合—演变"的过程就是方言传播自身的逻辑演进。其次，方言传播随着媒介的变革在不断拓展自己的传播能力，方言传播同样经历口语传播、文字传播、印刷传播和电子传播不同阶段，这一演进路线的每个阶段互不替代，而是依次叠加的进程。

方言传播是以人为主体，以方言以及方言文化为内容，以媒体为渠道的动态传播过程。众所周知，任何传播都离不开传播介质，同时需要有信源和信宿，即信息的传播者和信息的接受者，但两者并不固定，可以相互切换形成互通反馈。

传播是符号解读的活动。传播之所以有效果，需要传受双方具有可共通的意义空间，这个共通的意义空间则需要传受双方对彼此传递的信息进行符号解读，且对于符号的认知和意义拥有共通的理解，这样才不会造成传而不通的误解。方言传播建立在宏观传播基础之上，除传播的共同特征之外还具有独特的属性。

方言传播的性质归属，主要有如下几个方面。①方言传播具有历史性。方言传播发生在特定的时间和空间中，在历时演变过程中体现出不同时期迥异的语言面貌，人们可以通过方言语音、词汇和语法的演变探索社会的发展变化。方言发展演变的过程不是突变型而是渐变型，或者说并不是按照统一时间突变，而是从一个音到另一个音、从一类词到另一类词渐变的。方言传播的历史性决定了方言同人们生活和社会的关系是十分密切的，不可能巨变和突变，只能是逐渐变化。同时，方言传播的历史性决定了人们可以通过现今的语音和词汇，论证古音和构拟古音，亦可通过传播留存的词汇研究时代背景和社会环境。方言在不同地域的发展具有不平衡性，在有些地方发展快，在有些地方发展慢，因此，人们可以用现代方言的调查资料研究古汉语和汉语发展史。这恰恰说明方言传播具有历史性，通过传播所留存的内容，可古今对照，可彼此呼应。②方言传播具有社会性。方言传播必然是在社会中进行的，无论处于何种语境都依赖人们的约定俗成和社会规约，同时根据社会发展而不断变化，以适应人们日益增长的语言需求，同时人们也会根据社会运行和发展的要求进行语言、方言的自我调节。方言传播的社会性还体现在方言使用者之间用语的得体性，即面对不同对象使用不同话语，在不同语境下选择不同语言风格。在方言语音、词汇和语法中，词汇是和社会联系最直接、最紧密的，因为在社会发展过程中产生新事物或新观念时，就会随之产生新词与之相匹配，这样才能满足人们日常交际的需求。在方言传播过程中，与社会具有紧密联系的基本词汇，发展变化比较缓慢，而跟随时代发展、技术诞生和外来引入等产生的一般词汇，发展变化则比较活跃和迅速，这些一般词汇有可能随着方言传播持续出现在人们生活中，也可能被滚滚向前的时代所遗忘，无论是何种表现，均是社会和人们在方言传播和使用中共同的选择。③方言传播具有文化性。文化是人类在长期历史发展中共同创造并赖以生存的物质与精神存在的总和。方言传播的文化性体现在方言是地方文化的重要象征，将地方文化及其历史直接传承下来；还体现在方言是民俗文化的活化石，包括曲艺、民歌、谚语、歇后语、童谣、吉利词和忌讳词等。方言携带文化基因，方言传播则在文化环境下发生和发展，将这些人类共同的社会遗产、文化资源发扬光大。通过方言传播的文化性，方言传播者和接受者可实现地域认同，再通过地域认同实现价值共享，从方言传播到地域认同再到价值共享是文化在层层深入、扎根扩散的过程。

方言传播具有以下功能价值。①认同功能。方言传播的认同功能表现在思想认同、地方认同、行为认同和文化认同等不同方面。语言是国家、民族认同的重要组成部分，方言就是地方认同的重要标志，而方言传播对传播者产生认同具有重要意义。认同功能可分为3个层面理解：第一，在认知层面，通过方言传播使人们与所处地域建构地域共同体，随即产生思想认同；第二，在情感层面，当人们建构起地域共同体之后，便会拥有与之相关的集体记忆进而产生自我认同，自我认同最重要的标志就是方言；第三，在行为层面，关于地域共同体所代表的行为规范即特定语境下的行为认同，进而上升为对某种事物的文化认同。②融入功能。方言传播往往在特定群体中传播，从而形成不同的社会结构和阶层的活动，但方言传播的融入功能可随着传播者的活动参与社会生活、形成社会文化、创造财富等。方言传播的融入功能具体体现在两个方面：一是个体传播者通过方言传播融入异地集体；二是群体传播者通过方言传播集体融入更大的群体。人具有社会属性，需要融入不同的群体，小到一个团体、一个组织机构，大到一个社会阶层、一个民族、一个国家，而无论融入哪一层面都需要有语言的融入作为铺垫，在有地域性方言作引导时，人们更容易融入不同地域。③价值功能。从方言传播历来对社会和人们生活产生的影响和意义来看，方言传播的价值功能体现在语言价值、社会价值、文化价值和经济价值方面。其中，方言的语言价值体现在方言中古音的留存、词汇的演变、词义的繁杂等，同时，人们可通过方言探寻语言演变的历史、层次和规律，可考究方音史、方言史、音韵史等。方言的社会价值在于通过方言大众可实现身份认同、文化认同，同时也可通过方言进行人物身份识别，而无论是媒介提升传播效果还是刑侦破案，方言有着巨大的社会价值空间。方言传播的文化价值是指方言传播能够满足人们的文化需求并产生积极正面的影响，涉及方言传播所传递的观念、知识、经验和审美等。方言传播是一个复杂的过程，它既涉及不同民族、不同区域的历史沿革、传统文化、民俗风情和生活方式的传播，也涉及不同区域人们共同价值观、行为习惯的传播。一些方言节目就地方文化深度挖掘，使地方戏剧、曲艺、民俗等多样文化进行传播的同时得以保留。方言传播的经济价值是指通过挖掘方言的深层内涵，创造出具有市场价值且能够引起大众共鸣的产品。④娱乐功能。方言通过媒介进行传播，具有媒介的功能属性，即娱乐功能，尤其是在影视剧当中方言传播的娱乐效果更为突出。各地方言中存在的特有词汇，在被纳入影视剧台词时，能够突出具有人物特征的身世背景或成长环境，往往会提升表达的效果。

二、东北方言

东北方言是通行于东北地区的一种官话方言。东北方言主要是在当地原住民以及其他地区的移民共同作用影响下形成的，反映了东北地区的风土人情、历史沿革、社会发展和人们认识的变化。东北方言是北方方言的一个次方言，与普通话相比在语音、词汇、语法方面有很多不同，尤其是在语音和词汇方面，东北方言语音高亢、抑扬顿挫、铿锵有力，词汇幽默、生动、诙谐，还略带有一点儿夸张，这种与普通话的不同形成了东北方言独有的特色，极具亲和力，并且其中一些方言词语在具体语境中使用时，其表达的含义更为深远。东北长期是一个民族融合区域，生活着汉族、满族、蒙古族、回族、赫哲族、鄂温克族、鄂伦春族、达斡尔族、锡伯族、朝鲜族等多个民族，在多民族数百年间的融合过程中，逐渐形成了东北地区独具的风土人情和地方特色，并保存了无数反映少数民族风俗文化的词语，使东北方言呈现出别具一格的特色。

近些年来，东北方言不仅活跃在晚会的舞台上，在影视剧方面也有出色表现。之所以出现这样的情况，和东北方言富有创造性的词汇是分不开的。在晚会和影视剧中产生的一些流行语，有的已被人们广泛接受，成为普通话中的一般词汇。在语言词汇中，基本词汇以外的词构成语言的一般词汇，其主要特点如下：不是全民常用的，或者虽然在短时期内为全民所常用，但不稳固，一般没有构词能力或者构词能力比较弱。社会的发展变化首先会在一般词汇中得到反映。例如，东北方言"嘚瑟""忽悠"这些词，它们具有上述所说的一般词汇的特点。当方言流行语进入普通话的一般词汇时，它们未来主要有两种走向：一种是不符合历史发展的词语，随着时间的流逝被逐渐淘汰了，也就是从普通话当中退回到东北方言当中；另一种是方言进入普通话的一般词汇后，被普遍使用，逐渐稳固，并且产生很强的构词能力，逐渐进入基本词汇当中，到最后人们已经忘记这个词最先出自哪里了。

上海、广东等地曾掀起保护方言的浪潮，其原因是，随着社会一体化进程的加快，人们大量涌入上海、广州等地，使当地的方言使用范围逐步缩小。东北方言虽然没有受到这么大的冲击，但是作为一个地域特有的文化，如果逐渐消亡也是令人十分惋惜的。当然，语言的一体化是随着一个地区政治、经济的发展而产生的现象，是未来发展的趋势，随着东北地区经济的发展和开放的步伐加快，东北方言也会面临使用范围缩小的局面。语言的一体化是社会发展的积极现象，我们要正视它，而不能狭隘地理解为语言被湮没，因为各地的人们毕竟需要一种高效的交际手段进行沟通。

第二节 东北方言的特点

一、简洁生动

东北方言的表达很少通过静态的抽象的词语，经常采用生动形象且具有表现力的简短的词语来表达。例如，东北方言中说一个人憨、不精明、办事不利索，一般用一个字"虎"来表达；东北方言中说一个人聪明、精明、调皮，把别人耍得团团转，通常用一个字"熊"来形容；东北方言中把毫无根据的胡说八道称为"扒瞎"，在东北人擅长的农作中，扒苞米过程需要把苞米一层一层剥干净，而有的人却故意扒出没长苞米粒的农作物来充数，可以说"扒瞎"十分生动形象地表现了一个人的说谎行为。

东北方言最大的特点就是表意形象生动，具体来说，是词汇的丰富以及表意的独特造就了表达上的形象生动。例如，东北方言中的重叠词，无论是 AA 式、AABB 式还是 ABAB 式，都增加了原来的动词所不具备的色彩、意义。东北方言的意义主要表现在两方面：第一是增加了幽默色彩，第二是使要表达的意义更加活灵活现。近年来东北方言的流行就充分说明了这一问题，有些词像"忽悠""得瑟"等已成为流行语，在街头巷尾时常能听见人们用东北方言调侃几句。

东北方言之所以流行，不仅仅是因为它的幽默，更重要的是它能够用特有的词语明确地表达一个事物的特点或是自己此刻的心理感受。比如"白愣""翻愣""转愣""斜愣"等这些以"愣"为词尾的词都是表示眼部动作的动词，但是这些词有不同的倾向。"白愣"主要强调向上翻眼睛时露出了白眼的那种状态；"翻愣"是一个眼皮不断眨动，向上看的状态；"转愣"就是思考的时候眼珠不断地转动，左看右看的状态；"斜愣"指斜着眼看的状态。这些词的意义和用法很微妙，需要充分体会才能够运用自如。然而这些词东北人使用起来信手拈来，也许有的时候还会在原有基础上根据所需有所创新。

二、幽默诙谐

东北气候严寒，冬季难熬。过去生活在农村的东北人，在这种恶劣的天气条件下，经常聚在一起边说边笑，逗乐闲谈，排解寂寞和寒冷，在这种欢乐的气氛下，东北方言诙谐有趣的基调孕育而生。例如，形容一个人生气发脾气时面部狰狞，东北话一般说"吹胡子瞪眼"，有趣而富有活力；描绘一个人故意低三下四去讨好另一个人的姿态，东北话一般说"摇头晃尾巴"，通过狗的模样来比喻人的姿态；比喻一个人不识抬举的时候，东北话一般说"贱皮子"，其本意指质量低、卖不出好价钱的货，只有通过反复的加工改造来提升价值，如兔皮、狗皮、猫皮、狍子皮等，价值低廉，正所谓"贱皮子"。

三、丰富多样

东北地区历史悠久，文化深厚，有熔铸、陶艺、手工艺等丰富的艺术形式，同时，不同民族带来的文化也奠定了东北方言丰富多样的形式以及浓厚的感情色彩。

例如，东北方言中的"够呛"一词语义丰富，举例如下：①"这个人真够呛，连小孩都没放过！"这里面的"够呛"是指令人难以置信的人品，过分至极。②"打赢世界冠军是够呛了！"这里面的"够呛"是指不可能，成功率极低，实现不了。③"这只受伤的小仓鼠够呛能抢救了。"这里面的"够呛"是指生命即将终结，奄奄一息的状态。④"今天收拾家收拾得够呛，累得我吃不下饭了！"这里面的"够呛"是指某种状态或者情绪达到极限，难以继续承受下去了。

第三节　东北方言的地位

一、东北方言在汉语各大方言中占有重要地位

一般认为，东北方言形成的时间不是很长，但是在汉语中占有重要的地位。

东北方言是汉语北方方言的次方言。普通话以北方方言为基础方言，而作为北方方言中影响较大的东北方言，在汉语各大方言中占有重要的地位。讲东北话的人分布范围广，涉及民族多，人们一般认为东北话接近普通话，这在很大程度上影响了东北话在各大方言中的地位。语言学家曾做过调查，从官话方言8个次方言区各选一个城市的方言为代表，即北京话、哈尔滨话、烟台话、济南话、洛阳话、银川话、成都话、扬州话，将它们与普通话相比较。结果显示，东北方言比较接近北京官话。比如"母鸡"一词，北京、哈尔滨叫"母鸡"，河北、山东、

江淮一带方言中叫"草鸡"，西南地区叫"鸡婆"。又如"公猫"一词，北京、哈尔滨等地叫"公猫"，而其他地区方言则有"牙猫""男猫""儿猫""郎猫"的叫法。在语法方面，东北话与普通话就更加接近。比如表示"给我一本书"的意思，北京和哈尔滨都表示为"给我一本儿书"，而其他方言各不相同，有"把我一本书""把一本书我"等。

二、东北方言词汇对普通话词汇的补充作用

东北方言以普通话为主，其词汇可以对普通话词汇起到补充作用，其语言使用者兼用普通话和东北方言。而吴语、闽南语等方言，它们有单独的方言词汇系统，不必依靠普通话就能自给自足。这说明东北方言和其他方言是不一样的。

三、"东北方言热"现象

近年来随着东北话的崛起，东北话开始风靡大江南北，"东北方言热"逐渐形成。事实上，原来东北话通常被认为是"土气""生硬"的地方话，很多离开东北的东北人进入其他地区学习、生活，都在学当地的方言。但是以下两股力量的出现促使东北话几乎在一夜之间红遍大江南北。一是央视及地方台晚会对东北方言类语言作品的传播。二是随着东北小品的知名度不断提高，不少东北话作品以影视剧的方式出现在荧屏上。此外，一些知名人士也对东北方言的传播起到了推动作用。例如，2021年7月4日，神舟十二号航天员乘组密切协同，圆满完成中国空间站航天员首次出舱的既定任务。成功出舱后，航天员刘伯明激动地喊出了东北家乡话："老亮了！"

第四节　东北方言的历史流变

一、东北方言形成的国内外环境

（一）东北方言形成的三个历史时期

西汉扬雄所著《輶轩使者绝代语释别国方言》一书，是汉代训诂学中的一部重要工具书，也是中国第一部汉语方言比较词汇集。该书将当时的汉语归为十二大方言区，东北方言隶属"燕代方言区"。燕国早在周武王时期以前就起源于东北，号"东夷"。在两千多年的流动中，燕人不断与齐人、赵人相融合，逐渐形成较为稳定的方言。这是东北方言形成的第一个历史时期。

秦汉以来，大量的汉人通过陆路、海路抵达东北。进入东北地区的汉人长期以来形成了新的方言体系。秦汉、魏晋、唐宋时期又不断有鲁、冀、豫、晋等省的汉人流入东北，燕国语言经过几千年的交融逐渐形成了新的方言。这是东北方言形成的第二个历史时期。

明清以来，大量关内移民涌入东北，这促进了方言的进一步交融。此外，清政府在婚姻政策方面允许满汉通婚，这使得东北方言受到满语的影响。这是东北方言形成的第三个历史时期。

自古以来，东北地区就有不同的民族繁衍生息，如汉族、女真族、契丹族、扶余族、蒙古族、满族等。不同民族的语言特点在东北方言中均有表现，如女真语中没有"zhǐ""chǐ""shǐ"三种韵母，辽东话受此影响，其方言中也没有这三种韵母；女真语中没有"r"的发音，受此影响，辽东话中将"r"音的字中的声母变为"y"。满语对东北方言的影响就更为显著，有些词语更是直接从满语中来的，如萨其马、嘎拉哈、哈什蚂等。此外，历史上汉人曾与俄罗斯人混合居住，俄语对东北方言也有一定的影响，如布拉吉、大列巴、笆篱子等词语均借鉴了俄语的发音。

（二）东北方言形成的国外环境

新中国成立后，尤其 20 世纪四五十年代以来，我国和苏联建立了友好邦交，苏联派遣大量的技术人才到东北地区发展重工业。随着两国人才之间的相互流动，东北方言开始受到苏联语言文化的影响，俄语名词进入东北方言。例如，"大列巴"指一种硬硬的面包，"蹲笆篱子"指蹲监狱，"喂得罗"指上粗下细的圆台形水桶，"布拉吉"指女士穿的特定款式的花裙子等。

二、东北方言的覆盖范围

东北方言是一种官话方言，包括东北官话和胶辽官话。这里主要介绍东北官话，并简单介绍胶辽官话。

（一）东北官话

东北官话是属汉藏语系汉语族的一种声调语言，是官话语群的一个分支，分布于辽宁、吉林、黑龙江的大部分地区以及内蒙古和河北的部分地区。曾有学者把东北官话分为吉沈片、哈阜片和黑松片，并对方言分布情况进行了详细划分（地域划分与现行政区划有所不同，仅供参考）。

1. 吉沈片

吉沈片共有 52 个县市，分布在辽宁省、吉林省和黑龙江省。

（1）蛟宁小片 14 个县市

黑龙江省：宁安、东宁、穆棱、绥芬河、海林、尚志、鸡东、鸡西。

吉林省：蛟河、舒兰、吉林、桦甸、敦化、永吉。

（2）通溪小片 32 个县市

吉林省：通化市、通化县、柳河、梅河口、白山、靖宇、安图、抚松、集安、长白、临江、江源。

辽宁省：沈阳、西丰、开原、清原、新宾、法库、调兵山、抚顺市、抚顺县、本溪市、本溪满族自治县、辽中、辽阳市、辽阳县、灯塔、鞍山、海城、凤城、铁岭市、铁岭县。

（3）延吉小片 6 个县市

吉林省：延吉、龙井、图们、汪清、和龙、珲春。

2. 哈阜片

哈阜片共有 67 个县市，分布在黑龙江省、辽宁省、吉林省和内蒙古自治区东部。

（1）肇扶小片 19 个县市

黑龙江省：哈尔滨、庆安、木兰、方正、延寿、宾县、巴彦、呼兰、阿城、五常、双城、肇源、肇州、肇东、安达。

吉林省：松原、扶余、前郭尔罗斯、大安。

（2）长锦小片 48 个县市旗

吉林省：长春、榆树、农安、德惠、九台、磐石、辉南、东丰、伊通、东辽、辽源、公主岭、双阳、四平、梨树、双辽、长岭、乾安、通榆、洮南、白城、镇赉。

辽宁省：阜新市、阜新县、锦州、昌图、康平、彰武、新民、黑山、台安、盘山、盘锦、大洼、北宁、义县、北票、凌海、葫芦岛、兴城、绥中、建昌。

内蒙古自治区：通辽、乌兰浩特、阿尔山、突泉、扎鲁特旗、科尔沁右翼前旗。

3. 黑松片

嫩克小片和佳富小片共有 65 个县市旗，主要分布在黑龙江省以及内蒙古自治区的部分地区。站话小片零散分布于 11 个县市。这 11 个县市主要是黑松片的嫩克小片方言。

（1）嫩克小片 43 个县市旗

黑龙江省：嫩江、黑河、纳河、富裕、林甸、甘南、龙江、泰来、杜尔伯特、大庆、绥棱、铁力、五大连池、北安、克山、克东、依安、拜泉、明水、青冈、望奎、海伦、通河、塔河、漠河、呼玛、孙吴、逊克、嘉荫、绥化、兰西、齐齐哈尔。

内蒙古自治区：满洲里、呼伦贝尔、扎兰屯、牙克石、陈巴尔虎旗、鄂温克族自治旗、莫力达瓦达翰尔族自治旗、阿荣旗、鄂伦春自治旗、根河、额尔古纳。

（2）佳富小片 22 个县市

黑龙江省：伊春、鹤岗、汤原、佳木斯、依兰、萝北、绥滨、同江、抚远、富锦、饶河、宝清、集贤、双鸭山、桦川、桦南、勃利、七台河、密山、林口、牡丹江、友谊。

（3）站话小片零散分布

站话小片零散分布于黑龙江省西部的肇源、肇州、林甸、齐齐哈尔、富裕、讷河、塔河、嫩江、呼玛、黑河、漠河等 11 个县市的部分地区。

（二）胶辽官话

有学者将胶辽官话分为青州、登连和盖桓三片（地域区划与现行政区划有所不同，仅供参考）。

1. 青州片 16 县市

山东省：青岛、潍坊、胶县、益都、临朐、沂水、五莲、胶南、诸城、安丘、昌邑、高密、崂山、平度、掖县、即墨。

2. 登连片 22 个县市

山东省：荣成、文登、威海市、牟平、乳山、烟台市、海阳、长岛、蓬莱、黄县、栖霞、招远、莱阳、莱西。

辽宁省：长海、新金、庄河、金县、丹东市、大连市、复县、东沟。

3. 盖桓片 6 个县市

辽宁省：盖州市、桓仁、营口市、营口县、岫岩、宽甸。

第五节　东北方言的文化价值

语言是不能脱离文化而存在的、不能脱离社会流传下来的、决定人们生活面貌的风俗和信仰的总体。语言史和文化史是联系在一起的，互相提供证据，互相说明。东北方言的文化价值，体现在以下方面。

一、移民文化

东北的移民文化最早可追溯至汉代汉武帝时期。汉武帝为了防御匈奴、巩固朔方，推行了戍边屯田政策。从汉代开始，三国、北魏及辽诸朝代都有关内人口向东北移民的情况。金天会年间，金人南下俘虏了数万汉人去东北地区垦田开荒。此后，历朝历代的统治者都会有计划地实施东北移民，或是流放一些有罪之人去东北戍边，或是实施一些减免赋税的政策鼓励关内汉民去开发东北。这些移民中有一些北京人，这奠定了东北方言形成的基础。

清代中后期至新中国成立前后，关内人口（以山东人为主，北京人、河北人、河南人次之）为躲避自然灾害和战争多次大规模地向地广人稀、土地肥沃的东北地区移民，被称为"闯关东"。"闯关东"对东北地区的人口数量、民族构成、风俗习惯产生了深远的影响，尤其是在语言方面。移民带来大量外来方言土语，形成了东北方言的新面貌，在民族杂居的过程中，这些方言相互影响和渗透，并在东北地区为人们广泛使用。

二、民族文化

东北的历史，可以在很多民族中找到它的印记。我们比较熟悉的蒙古族、满族、赫哲族、朝鲜族，这些民族的祖先都曾经在东北居住过，此外还有鄂伦春族、锡伯族、达斡尔族等民族。到了清朝时期，大批量的汉人北上，使东北这个融合了十余种民族的地区更加热闹起来，也就是从这个时期开始东北方言逐渐形成。"埋汰"是东北方言之一，东北人在生活当中经常会用到这个词。它是从满语中来的，表示讽刺、挖苦或形容事物很脏。在东北的大部分地区，很多语言都来自满语。另外，东北的很多地名也都来自满语，如牡丹江、吉林、图们等。东北的方言不仅仅只融合了满族这一个民族，还有很多词语来自其他的少数民族。

15

在东北地区，随着多民族的不断融合，这里的文化变得包罗万象。东北地区的语言具有多元化特点，这种多元化也让东北的方言包容性极强。这引导了一种新的语言的诞生，也促进了一种独具特色文化的形成。也正是这种文化，让东北这块黑土绽放出了别样的光彩。

三、地域文化

东北方言，正如东北人的性格，直白、亲切，能迅速拉近说话人之间的距离，让人感受到真诚和亲切。简而言之，东北方言给人的感觉就是直接、接地气儿。这和东北的地域文化不无关系。东北气候寒冷，农闲时节，人们主要的娱乐方式就是围坐在炕上"唠嗑"，内容以日常生活为主，插科打诨、取笑逗乐，这就给东北方言形成幽默生动、亲切直白的风格提供了土壤，让人听之会心一笑。东北地区并不像中原地区，经过上千年的发展，早已形成了一套成熟的、固定化的社会模式，社会阶层鲜明且细化，而且相比于中原地区儒家文化的一家独大，东北并没有形成统一的文化，在相当长的时间内都维持着"靠山吃山，靠水吃水"的生产生活方式，以及由此催生出的浅层文化。因此，人们日常生活中所用的语言多是和生产生活方式密切相关的一些词汇，而具有理性思辨色彩的词汇相对要少很多。这样的语言特点和东北地域文化重感性、轻理性倾向有很大的关系，同时也解释了为什么东北方言具有天然的亲和力，语义直白易懂。可见，语言是表征，文化才是决定因素。

四、乡土文化

东北地域辽阔，四季分明，土壤肥沃，气候宜人，中国最大的粮仓之一就在此地。东北不但有茂密的森林和一望无际的草原，地下还埋藏着丰富的煤矿、石油、金刚石、金矿等各种矿藏，中国最大的石油城大庆就在东北。东北一面临海，三面环山，有大片的平原、草地、肥沃的黑土，住在这里的各民族通过东北这块宝地的资源，完全可以自给自足，游牧、农耕、渔猎，这样的生活状态决定了当地人民的生活方式和思维方式的乡土化。当地有句顺口溜："三亩地，一头牛，老婆孩子热炕头。"这种对生活的朴素追求是东北文化的一大特色。

在东北，冬天特别难熬，在极度寒冷的自然环境下，人们不怕困难，通过勤劳和智慧，创造属于自己的家园。这在无形当中造就了东北人坚强、直爽、豪放的性格。在东北方言中我们也不难感觉到，很多词语都体现着东北人独有的性格特点。例如，"咋整"已经不专属于东北了，因为通过电视节目，它早已被传遍大江南北。这句"咋整"，也成为外地人模仿的表达，意思是怎么办，大部分的人把它定义成了东北人的特征，豪放、大气、直率、乐观；"贼"在东北方言中是程度副词，但是用东北人的口吻说出来，就特别地富有情感色彩（发音时，重音一定要放在"贼"上），如"贼好玩儿""贼像样""贼带劲""贼好吃""贼辣"，诸如此类，都是东北方言标志性的短语。不仅仅是这些，在东北方言中，在形容人的一种感受或一件事时，为了体现的程度更深，经常会用拟声词、叠词或者感知词来表现。例如，"嘎嘎甜"（太甜了）、"吧吧苦"（太苦了）、"佼佼酸"（特别酸）、"齁齁咸"（非常咸）、"咔咔挠（使劲挠）"等。这些让人听了忍不住捧腹大笑的语言、土得掉渣的说话方式，带着一股乡土气息。

在生活中，人们经常可以见到男生对要好的女人叫"老妹儿"，逛街时也会常听到亲切的"大哥""大姐"的称呼，其来源都是东北地区多年来自给自足的生活方式，人们以家庭为单位，并逐步形成了家族、种族这种亲密的社会关系；加之以东北人热情好客，对外来客人，为了表示热情，都会采用亲人的称呼来对待。这就是"老妹儿""大叔""大姐""大哥"等词语出现的原因。虽然只是简单的称呼，但是东北人的热情好客，加上方言的亲切感，会让人们瞬间拉近距离，这就是东北方言的一大特色。

五、传播文化

说到东北方言的传播，我们不难想到，当今的许多电影、电视剧、小品、歌曲中都包含着东北方言的元素。通过一个个艺术作品，东北文化广为传播。而传播也不单单只靠艺术作品，现在的流动人口很多，东北人外出学习、打工以及外地人来东北，都是交流学习的机会。这些使得东北方言中的词汇逐渐步入"流行"与"时尚"的行列。在语言的传播过程当中，能够清楚地表达语意，让人听明白，是最基本的条件。从这一点来看，东北方言具备文化基础。同时，东北地区以汉族为主，汉族的语言、文字以及汉族文化都对当地文化产生着深远的影响。

《卖拐》《卖车》《刘老根》《乡村爱情》等舞台小品和影视作品，让很多的人了解了东北方言，喜欢上了东北方言。的确，东北方言具备幽默、风趣、亲切、质朴并且贴近生活的特点。东北方言取材于人们平时的生活，也融入了东北人豪放、爽朗的性格，来源于生活，来源于劳动，在田间地头，在炉灶之间，体现着东北人坚忍不拔的生活态度，体现着苦中作乐的乐观生活方式。这样的语言怎能不感染人呢？！同时，在热播的有关东北的电视剧、小品当中，我们也看到了，受欢迎的原因很简单，北方地区的人们都能看得懂，东北人看了也会感到亲切，同时对于南方人来说很是新鲜。于是，汇集了东北人多年智慧的东北方言就这样被传播开来，受到广大人民的喜爱。

东北的方言，虽然很明显地反映出了东北地区的文化属性和人文社会氛围，但这只是东北的一方面，并不能够代表全部。要想进一步去了解东北、了解东北的方言，需要先了解东北的文化，包括东北的历史背景、文化修养、民俗民风等，当然这些还不够，人文景观也是非常重要的；了解了这些还要切身去体会东北地区的自然环境，深入大自然，体会素有天然氧吧的大小兴安岭，到百姓家吃一顿家常便饭，与他们聊聊天，这其中所收获的才是最具价值的东西——东北各地的自然景观、人文环境以及民族风俗。人们只有了解自然地理、历史文化背景，再加上一双具有观察能力的眼睛，才能够更深入地了解一个地区的方言和文化，才能够将其内涵了解得更深刻、更透彻。

第二章　东北方言本体概貌

东北方言有其独特的声、韵、调风格，也有其独特的词汇和语法特色，在这一风格上可以展现出东北人豪爽、诙谐、幽默的独特魅力。本章分为东北方言语音、东北方言词汇、东北方言语法三部分。

第一节　东北方言语音

一、声母

（一）平翘舌不分

不分平翘舌是东北方言的显著特点，不过这个特点在许多城市逐渐消失。不分平翘舌在东北方言词中指的是 z—zh、c—ch、s—sh 三组对应的舌尖音（前是平舌音，后为翘舌音），有的人会把普通话的翘舌音读成平舌音，有的人则相反。在东北方言中，平舌音和翘舌音都有，只是在使用上人们常不去区分哪些是平舌音、哪些是翘舌音，或者表现为一种混用的情形。在普通话中，平舌音和翘舌音的区别是很严格的。东北方言将其混用，或造成歧义，导致交际障碍。

（二）改换声母 r

在东北方言词中，有些语音系统中的声母 r 分别被 n、l 和 y 声母替代。一般来说，改换成 n、l 或 y 与韵母有关，如儒生、花蕊、闷热、肥肉、人民中加点字的读音。

在东北方言中，有些地方的语音系统中几乎没有翘舌音声母 r，普通话中的 r 声母音节分别被 l 和 y（零声母）声母取代了。例如，"扔"（rēng）常被读作"lēng"，"乳"（rǔ）常被读作"lǔ"，大部分是 r 声母音节被 y（零声母）音节取代。东北方言区部分地方这种改换普通话 r 声母的现象是有一定规律可循的：

改换成 l 声母的，常是普通话 r 与 u、ui 等韵母构成的音节，例如，"腐乳（rǔ）"在东北方言中读作"腐乳（lǔ）"，"褥（rù）子"在东北方言中读作"褥（yù）子"，"花蕊（ruǐ）"在东北方言中读"花蕊（luǐ）"，"锐（ruì）角"在东北方言中读作"锐（luì）角"；r 与其他韵母构成的音节，r 都被改换成 y，例如，"吵嚷（rǎng）"在东北方言中读作"吵嚷（yǎng）"，"天热（rè）"在东北方言中读作"天热（yè）"，"猪肉（ròu）"在东北方言中读作"猪肉（yòu）"；当 y 遇到不能与之相拼的韵母时，韵母则发生变化，例如，"大人（rén）"在东北方言中读作"大人（yín）"。东北方言区没有 r 声母音节的地区非常多，并且影响很大，很多年纪大的人和学龄前儿童根本不会读 r 声母音节，或者读作 l 或者读作 y（零声母）。

（三）多加声母 n

在声母方面多谈到的是零声母。在普通话中，除 -i（前）、-i（后）、ong、eng 不能构成零声母外，其他韵母均可以自成音节。而在东北方言词中，有些会在 ai、e、ao、ou、en、an、ang 7 个音节前加上声母 n，变成 n 声母音节。在普通话语音系统中，绝大部分韵母是可以自成音节的，不用声母，所以称为零声母音节。只有 -i（舌尖前）、-i（舌尖后）、ong、eng 等 4 个韵母不能构成零声母音节。在东北方言区，有些地方零声母音节要少一些。普通话中的 e、ai、ao、ou、an、en、ang 等 7 个开口呼零声母音节，常常被加上个声母 n，变成了 n 声母音节。例如，"大鹅（é）"在东北方言中多读作"大鹅（né）"，"棉袄（ǎo）"在东北方言中读作"棉袄（nǎo）"、"昂（áng）扬"在东北方言中读作"昂（náng）扬"等。这类语音现象在东北方言中非常具有典型性。

（四）个别字声母变换

在东北方言中，有些音节的声母发音与普通话不一致。这种不一致不是表现在一个音节对应的所有字上，而是反映在一些常用字或常用词上。与普通话比较，该类现象既不成系统，又不严格对应。声母变换主要有下面几种情形：第一，将不送气声母发成送气声母；第二，将送气声母发成不送气声母；第三，将擦音声母发成塞擦音声母；第四，将塞擦音声母发成擦音声母；第五，将塞擦音声母发成塞音声母；第六，将塞音声母发成塞擦音声母。这类个别字声母改换问题，在东北方言区极具普遍性。

综上所述，东北方言的发音与普通话发音在某些方面是相同的，但东北方言与普通话在语音上的差异并不少，所以人们在学习东北方言词汇时需要更加细致，通过对比二者的不同之处逐渐掌握东北方言词汇。

二、韵母

与普通话的语音系统三要素相比，东北方言词在韵母上表现的差异最小。韵母差异主要体现在以下方面。①以 e 代 o 的现象。在普通话中，双唇音声母和唇齿音声母直接与 o 相拼，不与 e 相拼，而在东北方言中二者都只和 e 相拼。②以"iao"代"üe"的现象。在东北部分地区，很多人会以音节"iao"去替代"üe"，最能体现这一现象的是"学"这个字，而且目前有少数地区体现得严重一些。③个别字韵母变换。在东北方言词汇中，有些音节的韵母发音与普通话的发音不一致。有些是有一定规律可循的，有些则不然。

（一）以 e 代 o 的现象

在普通话中，双唇音声母 b、p、m 和唇齿音声母 f 直接与圆唇音单韵母 o 相拼，不与扁唇单韵母 e 相拼。而在东北方言中双唇音声母和唇齿音声母都只和 e 相拼，不和 o 相拼。东北人不习惯发圆唇音，甚至是把 o 给取消了，成为东北方言语音特点中一个很普遍的特点。这种以 e 代 o 的现象很显著。东北方言中没有 bo、po、mo、fo 音节，有的是 be、pe、me、fe 音节。例如，"胳膊（bo）"在东北方言中读作"胳膊（be）"，"破（pò）了"在东北方言中读作"破（pè）了"，"抚摩（mó）"在东北方言中读作"抚摩（mē）"，"大佛（fó）"在东北方言中读作"大佛（fé）"。但普通话双唇音声母有一个特例的字，就是双唇音 m 可以和 e 相拼，例如，"什么"的"么"音节中可以与 e 相拼从而构成轻音的"me"。在东北方言中，甚至音节"nong"中的"o"也被改读成了"e"。

（二）以 iao 代 üe 的现象

东北方言区部分地方的语言系统中，"üe"韵母音节常被"iao"韵母音节代替。这一现象只有部分老年人表现得严重一些。例如，"好好学（xué）习"在东北方言中常常说成"好好学（xiáo）习"，"大约（yuē）"常读成"大约（yāo）"，"跳跃（yuè）"常读成"跳跃（yào）"，"忽略（lüè）"常读成"忽略（liào）"等。

（三）个别字韵母变换

在东北方言词中，受多种因素影响，有些东北方言词在声母上的发音与普通话的发音不一致，主要反映在某个字甚至某个词上。

在东北方言中，有些音节的韵母发音与普通话不一致，例如，"以 ao 代 ou"。东北方言中，因为双唇音 b、p、m 和唇齿音声母 f 不与圆唇单韵母 o 相拼，由此以 o 作韵腹的复韵母 ou 与双唇音声母和唇齿音声母相拼就变成了 ao。例如，

"解剖（pōu）"在东北方言中读作"解剖（pāo）"，"谋（móu）"在东北方言中读作"móu"，"否（fǒu）"在东北方言中读作"fǒu"。

（四）丢掉韵头和改换韵头

普通话韵母可细分为韵头、韵腹和韵尾三部分。韵头是介于声母和韵母主要元音（韵腹）之间的部分，所以又叫作介音。在普通话音节中可以用来充当韵头的有"i""u""ü"三个高元音。韵头的发音虽然较短促，但并不模糊，不是能忽略和改换的。而在东北方言中，有些音节把普通话音节的韵头丢掉或改换了。这种情况在东北方言区并不普遍存在，但比较典型。例如，"暖（nuǎn）和"在东北方言中丢掉了韵头读"暖（nǎn）和"，"鹅卵（luǎn）石"在东北方言中丢掉了韵头读"鹅卵（lǎn）石"，"舷（xián）窗"在东北方言中改换韵头，读为"舷（xuán）窗"。

（五）其他类型的韵母变换

在东北方言中，部分字韵母发生变换没有什么规律可言，是由于长时间习惯性使用而固定下来的，甚至有的字词是随意而变的。例如，"厉（lì）害"在东北方言中读"厉（liè）害"，"塑（sù）料"在东北方言中读"塑（suò）料"，"割（gē）草"在东北方言中读"割（gā）草"，"疙（gē）瘩"读成"疙（gā）瘩"等。以上这些字词的改读，从普通话读音的角度来看就是错读，但在东北方言口语中是被人民广泛使用的，这是经过历史的沿袭而日渐稳定下来的方言读法。

三、声调

声调是音节重要的组成部分，是贯穿整个音节的高低升降的变化。一个音节可以没有声母、韵头和韵尾，却不能没有声调和韵腹。声调具有区别意义的作用，也产生了抑扬顿挫的音乐美。东北方言的声调和普通话音节的声调调值系统相同，其差别主要表现在调类的调值不尽相同和一部分字的调类不同。

（一）调值不到位

准确地说，东北方言的声调同普通话的声调一样也有4种调类：阴平、阳平、上声、去声。调型也是一平二升三曲四降，这也与普通话相同，但各调类的调值与普通话的声调存在着"微异"。与普通话相比，东北方言听起来显得平淡、含混，不够响亮、清晰，缺乏起伏变化，抑扬顿挫的乐感不明显。产生这种情况一个很重要的原因就是调值。东北方言声调调值的基本形状与普通话声调相同，但每类声调的起止点不同。普通话的阴平是高而平的"55"调值，东北方言的阴平调值各个地区会有很大的差异。例如，吉林长春的阴平大概是"44"调值，而吉林通化、白山等地的阴平是"211"调值，与普通话有着很大的差异；普通话的阳平是高升调的"35"调值，东北方言的阳平调值一般只相当于"24"；普通话的上声是降升的"214"调值，东北方言的上声调值一般读成半上声的"21"，尾音几乎没有上升的趋势；普通话的去声是全降的"51"调值，东北方言的去声调值一般只相当于"42"或"31"。总体来看，东北人说话高低、升降、长短不分明。

（二）字调不一致

东北方言与现代汉语普通话除了在调值上存在差异，有一部分字的"调"也不一样，形成了一种声调的改读，每个地区又有所不同。声调的改读大概有以下4种情况：普通话是阴平，东北方言会读成阳平、上声和去声；普通话是阳平，东北方言读成阴平、上声和去声；普通话是上声，东北方言读成阴平、阳平和去声；普通话是去声，东北方言读成阴平、阳平和上声。

第二节　东北方言词汇

一、东北方言词汇的特点

（一）东北方言词汇的语音特点

东北方言的语音特点比较突出，发音形式灵活多变，整体呈现泼辣、诙谐的特点及丰富多彩的效果。

东北方言中的双音节词语，重音往往落在第一音节上，第二音节则为轻音。如果将此类词语的两个音节拆分开来，就无法准确表达词语的含义。如"磕碜"是一个既可以作为形容词也可以作为动词的实词。根据词典，磕碜作为形容词，表示"难看、丑陋"；而作为动词，有"丑化别人，使……出丑"的意思，表示人或物的代词可以直接加在后面，如"你磕碜谁呢"，用来指责让自己出丑和难堪的人。"磕碜"的首字声母"k"是送气清塞音，第二音节则为轻声，充分表达了讲话者对"磕碜"这种行为的明确态度，此类词语在发音上，延长了音节，强化了词语的表现力。

东北方言中的双声叠韵词，节奏鲜明，富有韵律美，有力量，可以产生非常好的艺术效果。如"磨磨叽叽"除了表达"说"的含义，还包含"没完没了地纠缠""动作迟缓、拖延"的意思。其独特的音韵效果，决定了比"磨叽"表意程度更深，表达上也更有力度。

（二）东北方言词汇的构词特点

词汇是语言中最活跃的要素，东北方言词汇亦是如此。谈到构词特点，绝大多数东北方言词汇的构词形式与普通话的构词形式在一些方面是一致的，但东北方言词汇也具有区别于普通话的独特之处。以下主要对东北方言词汇与普通话附加式合成词进行对比。

第一，两者的差异表现在多音节词数量上。普通话词汇具有双音化倾向，目前来看，一些现代汉语词汇达到或者超过四个音节就会自然缩回至双音节，如"科学研究"与"科研"等。东北方言词汇中有相当一部分成员仍保留着明显的多音节的情况，根据仅收词3500多个的《简明东北方言词典》统计，三音节以上的词汇就有2220多个，如老爷们儿、草甸子、老东西等，占据了全书的2/3；四音节以上的有978个（不含第四字是"儿""的"的词），如嘎巴溜脆、稀了光汤、嘴巴嘟叽等，占收词总量的30%。

第二，两者的差异表现在带"儿"音尾的非名词数量上。普通话音尾带"儿"的情况很多，大多表现在名词上，如花儿、盆儿、鸟儿，还有个别动词也会带"儿"音尾，如玩儿。在东北方言词汇中，有相当数量的副词和少数形容词带上"儿"音尾后语义几乎没有发生变化，人们在用的时候也不容易去掉，例如，眼么前儿、丁价儿。

第三，东北方言词汇的构词类型大致与普通话的构词类型相同，都是由单纯词和合成词组成的。

二、东北方言衣食住行相关词汇

衣食住行作为人们日常生活中不可缺少的一部分，其语言表达形式在东北方言中独具特色。

（一）服饰词汇

服饰简单直观地表达了各个民族的特色。东北服饰受地域特点的影响，与其他民族的服饰有着差异。第一，以毛料为主，东北地区冬季较长，数九寒冬的天气人们喜欢用动物毛皮做成的衣服御寒。第二，喜欢大红大绿的配色，这和东北人豪爽热情的性格是分不开的。在满族人的心里，红色代表着逢凶化吉，有辟邪的功用，绿色是象征生命的颜色，大块的红绿搭配也体现出东北人不拘小节的特点。

服饰是人体外部的一种装饰，是人们适应自然环境的一种文化创造。东北服饰以保暖御寒为主，季节性与实用性较强，美观程度相对较弱，厚重、宽松构成了东北服饰的总体外观感受。

东北山高林密，野兽众多，人们往往就地取材，在服饰制作中多以动物皮毛为原料。使皮毛变成服饰原料最重要的一道工序，是将动物皮毛放入硝水中浸泡几日，随后铺在木板上，以钝刀刮去里肉，并反复回刮，直至皮子柔软富有弹性方算完成。这就是所谓的"熟皮子"。"熟"好的皮子可长期存放，结实耐用，可根据皮子的位置、大小有选择地进行裁剪制成衣服鞋帽等，是冬季的御寒品。"熟皮子"现用来比喻找打、欠收拾。

"贱皮子"本义指质量低、卖不出好价钱的皮毛，只有通过对其进行反复的捶打，使其柔软才能提高价格。像兔皮、狗皮、牛皮、孢子皮等随处可见，唾手可得，就是所谓的贱皮子，现用来比喻不识抬举的人。

物以稀为贵，皮草中具有软黄金之称的莫过于貂皮。貂皮是东北三宝之一，具有风吹皮毛毛更暖、雪落皮毛雪自消之特点，一直以来备受人们青睐。惯用语"撵大皮"意为猎貂。过去猎貂十分不易，猎人往往从下头场雪出发，在貂出没的地方挖好陷阱，直至第二年开春冰雪融化，等貂返回至老地方，进入陷阱，才算完成任务。最好的猎手一年也只能捕获一只貂，这也赋予了貂皮珍贵的价值。近些年兴起养貂热潮，使得从前专为皇家特供的貂皮也走入了寻常百姓家。

因兽皮制作过程烦琐，且需细心呵护，不然会出现"起皮子"的现象，所以，人们还有一套御寒策略，即以棉絮衣保暖防寒。像"棉裤腰""皮裤套棉裤""大棉袄，二棉裤""隔着棉袄挠痒痒"就是与棉絮衣有关的惯用语。

（二）饮食词汇

民以食为天，吃一直以来都是生活中的大事。地区不同，人们对食物的喜好、搭配、口味选择等皆不同，嗜好肥浓、重油偏咸、喜食腌渍冰冻食物代表了东北地区特有的粗线条的饮食文化。

东北人日常的主食是米面结合的形式，主要以米饭、粥、高粱米饭、苞米面大饼、粘豆包为主。高粱米既可以当饭吃，又可以酿酒。常见的做法就是高粱米水饭，制作简单，营养价值又高，是消夏避暑的佳物。高粱生命力顽强，产值又高，种植面积广，在吃不饱饭的年代，高粱米抗饿，煮成粥又可以节约粮食。以前物产不丰富，人们常把高粱米炒煳了碾成碎末冲水喝，口感跟咖啡有些类似。高粱除了当主食外最多的就是酿酒了，丧葬礼俗还有年庆节日、生辰寿宴上都离不开高粱酒。在日常的生活中也离不开高粱，用高粱秆编草帽、编炕席还有摆饺子等食物的盖帘，用高粱秆做鸡鸭的笼子等，东北很多村屯仍然保持着这样的传统习俗。可以说，就地取材体现了关东人民生活的智慧。窝窝头和菜团子一样都是过去穷苦人家的粮食，窝窝头外形呈圆锥状，底部掏空可以放上菜一起食用。在吃不起白面的时期，苞米面做成的主食是东北百姓餐桌上最常见的。这些粗粮含有大量的纤维素，是绿色健康的食品，即使在物产丰富的今天，也仍受东北人民的喜爱，因为这些饮食习俗已经扎根在东北人的心里。另一种食物粘豆包是一种东北特色粘食，以黑土地盛产的黄米为原料，在温水中浸泡一日后碾压成粉，在炕头温发，然后抠出一团，在小面团中加入香甜的红小豆馅包成小圆团，之后入锅蒸熟，拿到室外冷冻保存，随吃随取，可蒸可烤，为东北人民喜爱的一道主食。在过去艰苦的岁月中，粘豆包常常被用来祭祖上供。

因冬季气候严寒，为保存更多的食物和蔬菜，冰冻和腌渍成为最好的选择。

糖葫芦一直是东北孩童内心深处的记忆，去核的红皮山楂用竹签串串，沾着透明的糖稀，在风中迅速冰冻，好看又好吃。现以"串糖葫芦"来比喻一枪（箭）穿中不止一个人或物。

酸菜选自东北优质大白菜制成，老少皆宜，开胃解腻。天寒地冻的日子里蔬菜匮乏，人们除在菜窖存储萝卜、白菜之外，还需腌渍一部分青菜以支撑到来年开春，东北酸菜由此产生。在雪村演唱的《东北人都是活雷锋》中，其中的一句歌词便是"翠花，上酸菜"。酸菜一直以来也是东北菜的灵魂，用于不少东北特色菜中。惯用语"酸菜缸"用来比喻爱吃醋、小心眼的人。

在口味选择上，东北人倾向于嗜好肥浓，重油偏咸。盐字和腌字的声母和韵母都相同，只是声调上有些许的差异，这或许可理解为东北盐能腌一切的缘故吧。由于东北冬季漫长，从十月份开始，一直到次年打春都算是东北的冬天，而且温度极低，不利于蔬菜生长，再加上交通不便的原因，南方的蔬菜运到北方需要昂贵的运费，这也导致冬季蔬菜价格的昂贵。所以很多家庭都在秋收的季节将新鲜的蔬菜提前储备好，并撒上大量的盐，腌制成咸菜，以备冬天的时候食用，于是时间久了，就养成了东北人重口味的饮食风俗。俗话说"家趁万贯，不可盐豆下饭"，意思是说，将盐豆就着吃饭，会管不住嘴，不知不觉多吃，天长日久，会把家里吃穷的。盐豆子是用黄豆和食盐炒制而成的，酥咸可口，以此佐餐，十分下饭。除了食用，盐在东北的饮食习俗中还有一个功能就是储存。一年一年劳作，让东北人民有了自己的智慧，在收获的时节将吃不完的东西储存起来，而这个时候，盐就派上用场了。边地人民用盐来储存吃不完的鱼和肉。

在东北饭桌上，还有一种必备美食，即东北大酱，一斤黄豆六两盐的高盐比例确保其在腊月天气仍能黏稠如初。

东北人也喜欢吃肥肉，如"吃大片肉"，将煮熟猪肉连肥带瘦（一般以肥肉居多）切厚片，码在盘子中，佐以淋入酱油的蒜泥，放入口中，满满的肥肉汁水，油香与蒜香便在口齿间蔓延开来。肥肉不仅适合水煮，也适合炖汤，讲究"肉肥汤也肥"。东北餐馆所使用的老汤多以大骨和肥肉做原料炖煮，汤鲜味浓，深受老少喜爱。

从菜品形式上看，精细不足而粗犷有余，在东北方言惯用语里也有所体现。"一勺烩"，只需用家常的白菜、粉条、猪肉，依据个人喜好加入胡萝卜、青椒等，没有珍贵的材料，也没有华丽的装饰，一道朴实无华却又倍感温馨的家常菜即可出锅。提到东北菜就不得不说猪肉炖粉条、小鸡炖蘑菇这类的大锅炖菜，相对于南方的煲汤慢炖，东北炖菜体现出了东北人豪爽、"大口喝酒，大碗吃肉"的性格特点。东北人喜欢炖菜的原因之一与地理位置和气候有关，这里冬季寒冷，家家户户都靠烧火取暖，在烧火的炉子上放上一口铁锅，持续不断的火源给耗时的炖菜提供了有力的基础条件。东北人喜爱粗粮，在吃粗粮面食的时候，炖菜半汤半菜是搭配粗粮的最佳选择。

"打圈围"是指众人坐炕上围成一圈吃火锅，东北火锅由黄铜制成，呈圆形，中间有排烟的小烟囱，置入炭火，以加热汤水。东北人在肉与菜的选择上讲究"前飞后走，左鱼右虾"，像天上飞的、地上走的、水里游的，整个锅子中近乎囊括了山珍海味，渗透出东北人特有的粗犷豪放劲儿。当然，这是比较高级的吃法，来客人时才会如此款待，东北人平时所吃家常火锅犹如一锅炖，包括土豆、地瓜、豆腐、酸菜等日常菜，还有面条、饺子等主食，伴着炭火的温度翻滚沸腾，佐以酱料，随煮随吃。

（三）居住词汇

居住是人类生存基本条件之一，不论吃饭、睡觉、祭祀还是举行其他活动，都要以居室为基点。居住文化是物质文化的重要组成部分，是人类文化的核心，也是一个地区人们心理的综合反映。整体布局上落地成院、墙体厚重、建筑材料上就地取材、简单加工是东北民居的主要特点。

早些时候，为了防止狐狼伤害人畜，篱笆寨应运而生。惯用语像"一筐木头砍不出一个楔子"中的"楔子"指的就是木头杖子。东北山高树茂，人们就地取材，直接把圆木作为杖子，其牢固结实又整齐美观，能够有效地保证人畜安全。

房子是民居文化的标志，土坯草房曾是东北民居文化的一大特色。其覆盖房顶所用之草容易采集，像稻草、谷草、莎草、黄茅等，它们茎长、又少、不易腐败，房前屋后随处可见，就地取材经济实惠又方便。其墙体多为土坯垒成，土坯制作过程简易便捷，将有一定黏性的黄土同被铡刀切成短块的细软草加水混合，闷制半天使得泥与草在充分浸泡之后黏合在一起，再搅匀放进固定模子中，在阳光下晒干即可脱模用来垒屋砌墙。还有一种是"干打垒"的制墙方法，在固定好的两块木板中间加入黏土，用脚踩实，随后用大镐或榔头夯土，最后撒入羊角（草）。不论是土坯还是干打垒，都是垒墙成房的方法，黏土和软草的结合使墙体厚重，结构严实，冬暖夏凉，外表土气但实用性极强，是人们合理利用自然资源的产物。随着经济发展、社会进步，人们学会了建砖瓦结构房，像"三天不打，上房揭瓦"就是人们居住质量提高的间接表现。

谈到东北居住文化，必然要提及糊在屋外的窗户纸和室内火热的东北大炕。"窗户纸不捅不漏"就体现了其结实柔韧。东北窗户纸是一种麻纸，其所用原料像芦苇、蒲棒等皆来自本地，经过碾压、淘洗等一系列工序制作而成，再用胶油、苏子油等喷涂，防潮防水，在增强室内亮度的同时能有效抵挡室外寒气，是因地制宜的成功实例。冬季东北室外寒冷，室内需靠火炕取暖。火炕搭建方法简单，搭建材料易得。民族不同，火炕形状也不尽相同。满族多是"万字炕"；朝鲜族则是"一字型"，也叫满屋炕；汉族是"二字型"，呈平行状，即南北炕，这些炕形状虽不同，但搭建方法、材料皆相同，基本功能也一致，即提高室温、抵御寒冷。从以"炕"语素构成的众多惯用语如"压炕头子""隔着锅台上炕""傻小子睡凉炕""省了柴，凉了炕""不知道哪头炕热乎儿""炕上一份，地下一份"也足以证明其在东北人心中的重要地位。

（四）出行词汇

在满足了吃饭、穿衣、睡觉的基本需求后，人们会想走出家门，去看看外面的世界，由此产生了出行文化。出行文化包括交通工具、道路及风俗文化。受地理环境和气候条件的影响，地处林海雪原的东北人民出行十分不便。尤其是到了冬季，长时间的降雪导致冰封大地，出行以及运输受到一定的阻碍，不仅人马难走，而且车辆难行。随着历史的发展，边地人们发挥着自己的智慧，在一次次穿行林海雪原中，发明了多种交通运输工具，如马、雪爬犁、雪橇、滑雪板和桦皮船等。即便现在随着社会的发展，已经出现了许多现代的交通工具，但是在冰天雪地的时期，出行路况不佳的情况下，人们依然沿用着古老的交通工具。

过去东北道路多为土路，崎岖狭窄，人们出行不便，由此，马成为东北人民的命根子，春种秋收、运载货物、外出行旅都离不开马。"扶上马""拉下马"是马成为代步工具后所出现的惯用语。马匹所载人数有限，如遇人员众多势必十分不便，此时，人们迫切需要载重大车。传统装载车多为木轮车，其以马、牛牵拉，车轮外包裹铁皮，轮上带有铁钉用以防滑，车轮同车轴固定在一起，走动时轮子同车轴一起转动，所以，在运输时必须携带油不停地浇车轴。惯用语"借车不借油，累死你的牛"字面义是说木轮车车轴转动需浇油，倘若缺少油，必将累及牲畜。

在东北地区，二十四节气仿佛失灵了一样，在冬季逗留的时间特别长。从每年其他地区还在飞舞着绯红的枫叶的时候，东北地区已经开始了刺骨的寒冷，冬季从十月份开始，到三月份结束，相当于一年中有大半的时间东北人都在过冬季。而一到冬天，北国的雪花像是憋了一整年的小精灵，想在冬天到来的时候赶快与大家见面。当雪花越积越多，在地上积成厚厚的一层，江河冰封凝成一块如玉的大冰面的时候，人们的日常出行也就出现了一定的阻碍，所以生活在林海雪原的东北人民为了适应环境，发挥自己的智慧，发明了雪爬犁、雪橇、滑雪板等交通工具，以方便出行和运输。

东北冬季户外长时间冰封雪冻，山川野沟被白雪覆盖，有些路被掩埋于冰雪之下，阻碍人们出行。先民的智慧无穷，根据自然环境特点创造了爬犁，于是冬季外出的人们有了一颗想要"走路捡个爬犁"的心。爬犁是在冰雪中运行的一种东北特有的交通工具，省力、便捷，它不分道路是否平坦宽阔，只需有冰雪，便可凭借轻盈的分量和宽平的底盘顺利通过，它的动力则是靠动物和人的牵引。今日东北冰雪文化中就有狗拉爬犁，众多外来游客纷纷踊跃尝试，别具地域特色。

马匹、车辆、爬犁皆为陆路交通工具，东北水域纵横，一些林区猎民还发明了一些颇具特色的水上交通工具，如"扎筏子"。筏子以兽皮制成，因皮革不能用针缝，只能采用"扎"的方法，轻便、结实、易捞取，可载人载物，在诸多类型的船中是一种特别的存在。如今，"开倒车""开夜车""满嘴跑火车"等带有交通语素的惯用语为人们经常使用，说明汽车、火车已走进人们视野，成为出行的重要交通工具，但以上所列举的出行工具仍在城镇农村占有一席之地。

交通工具众多为出行带来便捷，而当人们走出家门后，难免会遇到"窟窿桥"和"窟窿船"这般困难险路与残破用具，面对此种困境，个人常常需要朋友帮衬，因此，东北人喜交朋友，他们待友如兄弟，直爽且仗义，如"出门靠朋友"表现了东北的出行交友观。

三、东北方言人物称谓相关词汇

在东北地区，人物称谓与其他地区有很大差异，这与东北人的性格和东北文化有着很大的关系。东北人豁达豪放的性格在称谓中有明显的体现，即使是对陌生人，也会表现出那种"人帮人，亲上亲"的特点。在东北方言词汇中，有许多称谓词与普通话的说法不一致，有些称谓表达不存在感情色彩，有些存在感情色彩。

（一）夫妻称谓语

东北文化是多民族文化共同交融的成果，又在时代变迁、历史巨变的种种影响下，在发展过程中呈现出一种复杂的多样性。与传统的中原文化相比，东北文化中融入了少数民族的狂野不羁，寒冷艰苦的生活环境又给东北文化添上了一抹血色的铿锵斗志。与开放洋气、紧追国际时尚潮流的南方都市文化相比，在一些人眼中，东北文化封建保守，带有一种与大地为伴的土气。

受东北文化深刻影响的东北方言称谓语，在时代的变迁中发生着变化，这种变化在夫妻称谓语上有着集中的体现。在以前的东北，夫妻之间的称呼简单、原始，妻子称呼丈夫为"当家的"，丈夫称呼妻子为"媳妇儿""孩儿他娘"，由于当时女人的社会地位非常低下，丈夫有时也会用充满贬斥意味的称谓称呼妻子。在自由恋爱以后，情侣们向他人提起对方时称呼其为自己的"对象"，谈恋爱也叫"搞对象"，这种称谓在结婚后也一直延续，在他人介绍自己的丈夫或者妻子的时候常说"这是我对象"。随着女性地位的提升，女性对男性的称呼越来越多样化，既可以直呼其名，也可以用各种昵称。如今的年轻情侣们，热恋时幸福甜蜜溢出言表，用各种称谓语大胆向对方表达爱意，对待彼此的称呼上也是紧跟潮流，中西结合，肉麻的昵称张口就来。

在当今东北人们的日常生活中，夫妻称谓语种类繁多，有洋的也有土的，有保守的也有开放的，在不同的场合、不同的年龄阶段存在很多不同。在比较私密的场合下，往往称呼对方为"老公""老婆""当家的""媳妇儿"等；在比较正式的场合介绍对方时，夫妻往往称呼对方为"爱人"；在非正式公开场合下，经常称呼对方的姓名。

（二）亲密同辈间常用的称谓语

在东北人的社交生活当中，大多数时间是在跟同辈人打交道，如小时候的同班同学、长大后的同事朋友。人们对不甚熟悉的点头之交，大多数用全名称呼彼此，较为熟悉的朋友之间往往会不带姓地直呼名字，或是取名字其中的一个字的叠称称呼彼此，最为亲密的朋友之间往往还会用绰号称呼对方。同一朋友圈中的活跃人物，经常被朋友们共同称呼为"××哥""××姐"，在亲密朋友间言谈笑语的时候，人们有时也会自称为"爷""爷们儿""老娘""姑奶奶"等。

在东北，用兄弟姐妹的亲属称谓来称呼彼此，并不仅仅意味着双方关系亲密，与亲属称谓语的符号概念紧密相连的亲属关系、感情以及互相对待彼此的态度，在拟亲属称谓的使用过程当中保留了下来。人们会根据自己想传递出来的信息，适当地挑选使用兄弟姐妹亲属称谓语。要想准确分辨对方想要传达的信息，首先要了解在东北兄弟姐妹亲属称谓语包含的结构意义。

在家族组织中，兄弟姐妹之间的辈分是一样的，但这并不意味着他们之间没有高低之分。兄弟姐妹及其配偶的地位大多是由父母或其他长辈决定的，一般分为3种情况。第一种是按照年纪排列地位，年纪越大的地位越高；第二种是按照性别排列地位，受封建文化影响，男孩子的地位大多是高于女孩子的；第三种是根据长辈对孩子的喜爱程度来排的地位，越受长辈宠爱的地位越高。在东北人实际生活中，兄弟姐妹之间地位的排列是由这三种排法综合作用的，其中第一、二种影响较大。

在东北，没有直接血缘关系的兄弟姐妹——堂/表兄弟姐妹、干亲的兄弟姐妹等，在面称时也直接用长幼排序加上"哥""姐""弟""妹"直接称呼，但从称谓语上难以直接区分是否同一个家庭的兄弟姐妹。尤其是在东北农村，同村的同辈人往往都以兄弟姐妹称呼彼此，亲如一家。

东北方言中兄弟姐妹之间的称谓词相对简单，但是它在社会上的泛化情况较其他许多东北方言称谓语更为普遍。在东北人的社会交往当中，人们往往与平辈的人交往更为广泛，为了拉近双方的距离，表示双方之间的关系更为亲密，年龄相近的人大多以兄弟姐妹称呼彼此。东北人关于兄弟姐妹的等级观念在称谓语泛化的过程中被保留下来，并在日常生活中对人际互动中加以使用，表达态度，传递信息。在姓氏的后面加"大哥""大姐"称呼对方，是对对方的敬称，并不仅仅是因为对方的年纪更长，更多情况下是因为在互动的时候对方的地位更高，或者是因为在共同的交往圈子中对方更具有威信。同样道理，称呼对方为"老弟""老妹儿"的时候，往往带有着自上向下的视角。

东北人在熟悉的朋友面前，常常喜欢用夸张的傲称来表现自己，尤其是在吹牛或与他人叫嚣的时候，无论年龄大小、社会地位高低，男人喜欢称呼自己为"爷""（本）大爷""爷们"，女人喜欢称呼自己为"老娘""姑奶奶"。

（三）非亲属称谓语

在东北人的日常生活当中，虽然人们大多常用亲属称谓语进行人际沟通，但是在东北方言当中仍有大量语言比喻生动幽默、夸张诙谐的方言称谓语被经常使用。这些称谓语大多带有不同程度的贬义，通常用于语言争锋—逞口舌之快，或是插科打诨玩笑逗趣。

在东北文化中，关系越亲密、感情越深厚的人们之间说话就越直白。日常交往当中，礼仪用语往往被视为是客套，言谈举止规范制度化会被认为是关系疏远或主动拉开距离。用带有贬损意味的称谓语称呼对方，有时并不是为了侮辱对方，反而是通过使用随意的称呼来显示双方之间感情深厚，这种情况往往会使用称谓语来嘲讽对方某种具有特点的缺陷。

四、东北方言动植物相关词汇

东北地区自然资源丰富，土地肥沃、林草地资源丰富、生态优势明显等特点，为现代农业的发展提供了得天独厚的资源条件，所以在东北这片土地上，植物、动物种类繁多。东北方言对这些动、植物有着独特的称呼。

东北方言中表示动物的词语有"长脖老等""臭鸪鸪""老抱子""家雀儿""老鸦"等。"长脖老等"是腿和脖子都比较长的一种鸟，学名"苍鹭"；"臭鸪鸪"是布谷鸟；"老抱子"是孵过小鸡的老母鸡；"家雀儿"是麻雀；"老鸦"是乌鸦。表示动物的词语还有"刀螂""狗蹦子""老蟑""蚂螂""扁担钩""蛤蟆骨朵""马蛇子"等。"刀螂"是螳螂，"狗蹦子"是跳蚤，"老蟑"是蟑螂，"蚂蝇"是蜻蜓，"扁担钩"是身子比较长的蝗虫，"蛤蟆骨朵"是蝌蚪，"马蛇子"是蜥蜴。"狗驼子""黄皮子""豆鼠子""牤子""老骒猪""耗子""壳郎猪"都是动物。"狗驼子"是黑熊，"黄皮子"是黄鼠狼，"豆鼠子"是田鼠，"牤子"是公牛，"老骒猪"是老母猪，"耗子"是老鼠，"壳郎猪"是指半大的公猪。

在东北方言动物词语中，不同种类的动物具有独特的性格、行为动作、外貌、声音、属性、气味、用途等特征。从生理角度看，人是动物的一种，两者自然具有相似性。在与动物漫长的接触过程中，人类通过与动物某些特质的相似性借以形容人或事物，因而以基本动物词为中心构成的相关词语具有与动物相似的特征。

在东北方言中，"虎"具有鲁莽、冒失、傻气冲天的性格特点。这样的性格与普通话中对于虎的描述有着一定的联系，正由于虎被称为"百兽之王"，所以在其生存过程中，作为食物链中较为高层的动物，猎食过程中自然毫无顾忌，往往不必过多思考，便可主动出击。在历史发展过程中，随着东北地区移民逐渐增多，虎与人类之间接触更加频繁，人类通过与虎的生存较量，发现其鲁莽、冒失的性格特点，于是将具有相似性格特点的人与"虎"进行联系，有了"虎巴巴""虎巴儿""虎超超""虎超""虎车车""虎蛋""虎吵吵""虎噪儿噪儿""虎糟""虎拉咣叽""云天虎地"等词语。这些特色词语虽然形式不同，但语义指向基本一致。

熊的外形看起来健壮、魁梧，但行动迟缓、反应迟钝，给人容易受欺负的性格印象。"熊包软蛋"中将"熊"比为"受气包"，"软蛋"也是极言受到欺辱而不反抗的性格，从而形容人的软弱无能。"熊色"与"熊色赖"表达相似，语义接近，指软弱无能的样子，都用以形容人受到欺辱后窘迫的神态。熊的身材魁梧，上肢有力，爪子锋利，对于其他生物具有一定的破坏力。东北方言词"造"的含义较多，在"熊造儿"中，"造"为"挥霍"之意，通过描写熊行为的破坏力，用以形容人糟蹋、挥霍的行为。"熊住"一词将熊的性格特点转化为人的主动行为，使他人具有受"熊"的性格，喻指整治他人、使他人受欺负。

驴的性格固执、倔强、脾气暴躁、较为莽撞，东北方言特色动物词语中不乏借驴的性格形容人的词语。"驴性"指驴的性情，将驴的性情与人关联，表明两者性格的共通性，比喻人蛮不讲理。在"耍驴"一词中，"耍"有吵闹、哭闹，期望获得别人关注的意味，"耍驴"喻指人发倔脾气。"山驴逼"一词将驴的莽撞、不加思考进行活动的性格跃然纸上，将驴的性格形容于人，表现人的性格特征。在东北方言特色动物词语中，对于驴，除表现其脾气暴躁外，还有表现其受人控制后顺从的一面。"牵驴"一词中，人将驴用绳子套住后，可以自由牵制，受控制的驴会变得顺从人类的指挥。驴的这样一种性格特征与人受骗后盲目地听从他人的话相似，因此"牵驴"用以比喻骗人的勾当。在没有汽车、自行车等交通工具之前，人们为了方便快捷，多依靠动物出行。"驴"作为人类曾经的代步工具，在词汇中仍不少见。"倒骑驴""屁驴子""驴吉普"都曾作为东北地区主要的交通工具，然而随着科技的发展，这些代步工具被汽车、电动车所替代，其中除"倒骑驴"偶尔能够进入人们视野外，"屁驴子"与"驴吉普"已经很少有人提起了。

在普通话中，狗常常被赋予低贱、没有骨气、欺软怕硬、势利等性格形象，东北方言中也不乏表现狗这种性格的词语。"狗性"指狗的性格，强调狗欺软怕硬，人前一套人后一套的卑劣品质，用以形容人没有人性。"狗颠肚子"一词将狗看见主人兴奋谄媚的样子加以描写，用以形容人跑前跑后献殷勤的样子。此外，狗善于奔跑，东北方言中也有描写狗奔跑的词语。"狗呛屎"，是指狗在奔跑过程中摔跤，呛到了地上的屎，狗摔跤与人摔跤具有一定相似性，因而用以比喻人身体向前摔倒的样子。在普通话中，"狗屁"常常用狗的卑贱以及屁的臭不可闻形容别人说出来的话、做出来的事不合情理、没有逻辑，往往用作名词；东北方言"狗屁"用狗的屁味与人说话的味道相关联，用以形容诋毁、挖苦人的行为，同闻到狗屁一般使人心中不快，往往用作动词。在日常生活中，狗由于自然天性、娱乐兴趣以及不安情绪，往往喜欢刨土，东北人民通过细致观察，将狗刨土的行为与某类事物相联系，形成了一些词语。"狗扒拉"一词将狗扒土的动作与人写字的姿势进行相似关联，进而形容人所写的字不规整、难看。"瞎抹狗造"一词中"造"取"刨"义，喻指眼睛不好的狗不断地刨土，与人写字的姿势进行关联，比喻人写字小而不清的样子。另外，东北方言特色动物词语也不乏表现狗牙齿锋利、善于撕咬的词语。"疤癞狗啃""狗咬纹儿"都将狗咬过后残缺不堪的状态表现出来，用以比喻长短不齐、残破不匀的样子和犬牙交错的排列格式。

猴子聪明伶俐、活泼好动、稚气未消，与孩子贪玩的天性不谋而合，因而"疯猴儿"用以形容小孩儿玩闹到了极点。猴子除活泼好动外，还有性急、轻狂、善变、浮躁的一面，"猴脾气"将猴子这一性格特征与某一类人的脾气相关联，用以形容人喜怒无常的脾气。"干气猴"将人比喻为猴，猴子受气时情绪更加急躁，因而将人生气的状态生动地展现了出来，用以比喻活活气死他人。猴与人类的外貌相似，东北方言特色动物词语"猴头八相"，从人与猴子的外形长相相似入手，将猴子的外形特征转化到人的身上，形容人长得如猴子一样，瘦小难看。

鳖（王八）的性格胆小、懦弱，遇到危险时会将头缩进壳中。东北方言中将没有见过世面的有钱人称为"土鳖财主"，也正是取鳖眼界短小之意。"土鳖活儿"用以形容受累而不得钱或不得好的活儿；"土鳖钱儿"用以形容拿不出大面的钱。

蜂受刺激易激怒，"黑眼儿蜂"将蜂被激怒的神态与人生气时的样子相关联，用以形容程度的加深。

狍子是中国东北林区常见的野生动物之一。这种动物的好奇心较重，喜欢一探究竟，甚至追击者突然大喊一声，它也会停下来看，所以有经验的猎人会轻而易举地捕获狍子。在东北方言中，"傻狍子"用以比喻缺心眼的人。

在植物方面，东北方言中表示植物（农作物）的词语有很多。"车轱辘菜"是车前草，"大头菜""疙瘩白"是结球甘蓝，"地豆儿"是马铃薯，"地瓜"是甘薯，"灰菜""猴腿菜""后老婆针""猫耳朵菜""猫爪子菜"都是指某种野菜。"老母猪翘脚"是指一种高粱。"地瓜花""老来变"都是花的名称。"葛针"是一种多年生木本植物，枝梗上带刺，其果实可以食用，俗称"酸枣"。"狗尿苔"是一种有毒的蘑菇。"狗尾巴草"是一种草的名字。"菇莨"是一年生草本植物，其果实可以入药和食用，它的果实也称为"姑娘果"。"谷瘪子"是结得很不饱满的谷粒。"癞瓜"是指苦瓜。

五、东北方言民俗相关词汇

东北文化底蕴丰厚，地域文化鲜明，民俗氛围也独具特色。虽然随着社会的发展，人们生活水平的提高，这些习俗渐渐发生了变化，有的习俗已经完全消失了，但一说起来，东北人都明白。

（一）东北方言民俗词汇

民俗语言兼具语言和民俗的根本特征，本质上民俗话系可以分为很多种，且具备共通性以及民族性等特点。不同地区的民俗话系存在明显的差别，即便是一村一寨有时也存在不同的类型。例如，对于写作来讲，作者的语言风格造成了作家创作上的不同以及美学特征的差异，因此用一个地区独有的语言特征进行作品创作也是作家形成自己独特风格的一种重要方式。作家迟子建为了增强作品的语言特色，在创作的过程中，不仅大量地运用了极具特色的东北方言以及当地的俚语，同时还运用了许多谚语以及诗歌，从而在展现北方人的血气方刚以及鲜活生活的同时，使作品充斥了强烈的地方特色。在其作品《北极村童话》中，被送到姥姥家的"我"从小就特别喜欢听一些鬼怪的故事，但是因为听完后非常害怕，因此每次听完之后就藏到姥姥的"胳肢窝下",然后死死地抓住姥姥的肩膀;"我"画画的时候不小心打翻了油,就在"我"苦恼的时候,感觉辫子突然被抓住了,"生疼生疼的";冬天来了的时候,大家都喜欢在家里"猫冬"。作者在进行文字创作的过程中,运用了"生疼"以及"猫冬"这些独具特色的东北话,在很好地增强了作品的亲切感的同时,还将人物写活了,将他们的形象牢牢扎根在读者心里。在迟子建的作品中,这样的方言词汇非常多。比如,形容一个人工于心计、过于精明用"奸",而被惹恼之后生气了用"急眼",形容一个人体格健壮用"瓷实",而如果一个人过于吝啬和小气则用贬义词"抠门儿",使用"精湿精湿"来描写文中人被雨淋成落汤鸡的样子,用"浮溜浮溜"来表示家里容器里的东西装满的状态。此外,其作品中还有一些特定的称谓词,如冬天小孩子穿的棉袄叫"棉猴",佩戴的御寒手套叫"棉巴掌",将洗脸使用的肥皂称为"胰子",将用木板扎成的围栏称为"障子",每户人家取暖的墙叫作"火墙",劈成小块的柴火叫作"绊子"等。

不止这些,极具东北地方色彩的谚语和歌谣也活跃在迟子建的作品中。如《秧歌》中的"人日子刮风,一年穷忙"等谚语,不仅通俗易懂,并且幽默风趣地将生活中的现象解释出来。《北极村童话》中将孩子一边吃月饼一边唱民谣的画面很好地展现了出来,"蛤蟆蛤蟆气鼓鼓,气到八月十五。杀猪、宰羊,气得蛤蟆直哭"。还有《起舞》里也有对民谣的描写,"猴皮筋,都会跳,三反五反我知道。反贪污,反浪费,官僚主义也反对"。这些都是民间自行创作的歌谣,读起来不仅抑扬顿挫,而且朗朗上口,不仅给人带来了非常富有节奏的美感,而且从这些民谣中也能让人感受到东北人的精神面貌。

东北方言中民俗词汇的利用形成了东北方言独有的语言风格,能够很好地展现东北人的精神面貌、在准确地表达了感情的基础上,也更好地体现出东北人的生活习惯以及生活中的语言表达方式。

(二)东北方言中的俗谚

各地方言中都有一定数量的俗语、谚语,反映着这个地区不同方面的特征。东北话当然也不例外。

1. 与东北气候有关的俗谚

东北地区四季分明,尤其冬季气候寒冷。在长期的生产生活中,劳动人民创造了一些与气候有关的俗谚。"三九天穿裙子——美丽动(冻)人""冬天不戴帽子——动（冻）脑筋""你这个人是腊月生人——喜欢动（冻）手动（冻）脚"都是谐音歇后语。"吃雪团打哈哈——满口冷笑""野鸡扎雪堆——顾头不顾尾""下雨天打孩子——闲着也闲着"间接地反映了东北地区的气候特征，是人们在长期的生产生活中创造出来的。在东北冬季的雪天，人们有出去逐猎的习惯。野鸡被追得筋疲力尽后会扎进雪堆中躲避，但往往因为其尾巴较长而被发现，故有"顾头不顾尾"一说。东北雨天一般是东北人赋闲的日子，无法外出劳作，在这样的天气中打孩子，故而出现"闲着也闲着"的说法，其实也不一定真的打孩子。此外，东北地区的《九九歌》是应着节气来的，也反映了当地的气候特点。

2. 与东北饮食相关的俗谚

当然，由于构造歇后语的需要，与饮食相关并不等于纯粹就是饮食类的歇后语。从这一类型的歇后语来看，主要取材于东北地区常见的食品，如窝窝头、酱、豆包、高粱米、馒头、锅烙、土豆、粥、苣荬菜、鲇鱼、豆腐渣、地瓜、黄瓜、爆米花、豆腐、猪蹄儿、小葱、饺子、炒面、饼子等。当然也有一些歇后语中没有出现典型的食品，但是有相关的制作食品的工具，如笼屉、接碟、快刀、茶壶、擀面杖、凉锅等。窝窝头一般是玉米面做的，圆锥形，底部有一个向里面凹进去的口，故得名"窝窝头"。窝窝头在蒸制时凹口朝下，故有"窝窝头翻个儿——现大眼"一说。又如，"小鬼子吃高粱米——实在没法子啦"是有典故的。"没法"是"没伐"的谐音，"没伐"就是没有加工的。伪满期间，日本人只吃大米，不吃高粱米。1945年日本投降后，在东北的日本人没有大米吃，也吃高粱米饭，到后来没伐的高粱也吃了，于是就出现了如上的歇后语。"锅烙"是东北小吃，尤其在东北东部地区盛行。锅烙形状与饺子相同，但比饺子略大。制作锅烙一般是先在锅中加少许油，抹匀，油热后放入包好的锅烙，大火加热，待底部煎至微黄后加少许水，转小火，待熟后食用。因为锅烙是煎制的，所以边缘一般较硬，"庄稼老不认锅烙——硬觉着不错"，这个歇后语就语出于此。"觉着"东北话中一般读为"jiao zhe/jiao zi"，锅烙被看成是硬饺子，于是这个歇后语就产生了。苣荬菜是菊科植物，味苦、性寒，所以"苣荬菜熬鲇鱼——苦了大嘴了"这个歇后语就产生了。苣荬菜在东北地区很常见，其食用方式也很简单，洗净蘸酱即可食用。"接碟"是进餐过程中用于接住饭菜的专用餐具，如果在吃苣荬菜的时候使用接碟，就显得不伦不类，故而"吃苣荬菜拿接碟"就当然是"摆谱"了。

3. 与动物有关的俗谚

东北地广人稀，各种动物比较多，如鹿、熊、虎、兔、雉鸡、山羊、野猪等，在原来的东北都是比较常见的。有很多动物人们都非常熟悉其习性，在长期的生产生活中人们就利用动物的某些习性特征创造了大量的俗语、歇后语，当然也有一些是人们刻意创造出来的。

与动物有关的俗谚大都比较好理解，只要熟悉这种动物的活动习性，基本可以理解歇后语的意义。如"乌鸦落猪身上——只看到猪黑，没看到自己黑"，乌鸦全身黑色，且原来在东北地区养的猪基本是黑猪，不像现在白猪居多，这样就造成了如上的歇后语。又如，"小黄牛拉磨盘——没长劲儿"也说"小驴拉磨——没长劲儿"，小的牛或驴因为没有发育成熟，不能长时间劳作，于是就出现了这样的歇后语。

第三节　东北方言语法

一、东北方言的构词法

汉语构词主要采取复合法，即词根和词根通过特定的关系组合在一起构成词的方式。汉语中还有附加构词、重叠构词等方法。东北方言基本也采用这样的构词法，但是在具体构成方面有一定的特点。下面主要介绍东北方言中的附加构词和重叠构词。

（一）东北方言中的附加构词

东北方言附加构词有前附加式、中附加式、后附加式 3 种。

1. 前缀 + 词根（前附加式）

普通话和东北方言词汇在典型词缀这一类型中构词类型几乎相同。但在东北方言词汇中有一些特殊的前缀语素，如稀烂、稀软、稀泞、精细、精瘦、精湿、溜滑、溜圆、溜尖等。"稀""精""溜"三词在东北方言词汇中均表程度义，但三词之间存在细微的差别，在程度的高低、深浅上各有特点。类似这种表程度义的副词在东北方言词汇中还存在很多，正是有了这些词的存在，使得东北方言词汇的表现力极强。

2. 词根＋中缀＋词根（中附加式）

在东北方言词汇中，有"得""不"这类单音节中缀，例如，打不住、搂不住；傻得呵、笨得呵。此外，东北方言中还有很多双音节中缀，例如，埋拉吧汰、傻拉吧唧；干巴拉瘦；埋拉古汰；光不出溜；糊里八涂。由此看来，普通话中的中附加式词缀极少，而在东北方言中这种构词类型十分丰富，在语义表现力上更加明显且具有浓厚的东北文化意蕴。

3. 词根＋后缀（后附加式）

在东北方言词汇里，带有后缀的词语数量有很多，在日常生活中被使用的频率也非常高。东北方言词汇是由"词根＋单音节词缀"构成的合成词，大都是名词和状态形容词，在语法功能上都是不受程度副词修饰的，一般也没有重叠形式，如贱巴登儿、蔫巴登儿、眼泪巴查、艮巴揪儿、甜巴唆、傻不愣登等词。这些词一般都为状态形容词，不受程度副词修饰，没有重叠式，感情色彩普遍为中性与贬义。因此，这就使得东北方言词汇具有多样性、生动性和趣味性。东北方言词汇中比较典型的后缀还有"实""楞""头""气"等，组合后，词的重音大多在第一音节，与普通话相比，其不同点是在读音上，这些词都读轻声，如泼实、壮实、毛楞、架楞、撒楞、栽楞、肉头、筋头、鬼头、硬气、熊气等。这类词多用于口语，具有明显的感情色彩，生动形象。

（二）东北方言中的重叠构词

重叠构词在普通话中比较常见，其中"猩猩""姥姥""漏漏""瑟瑟"中的"猩""姥""漏""瑟"都只是音节，不能够单独在交际中使用。"姐姐""哥哥""爹爹""仅仅""刚刚"中的"姐""哥""仅""刚"本身就是语素，有时也可以单独成词，可以在交际中直接使用。这是普通话中重叠构词的情形。东北方言中也有重叠构词的情形，而且很多重叠词能够表现东北方言的特征。

①"AA"式重叠词。东北方言中的 AA 式重叠词就是由两个相同的音节或语素以重轻格构成的词。其中一些动词表示以特定方式发出声音，往往与人的发音器官的动作相关，这些词多是表示说话或发出特定声音，可以表示这个动作，有时也可以表示伴随动作的状态，另外还有一些动词表示心理感受或特定动作。

②"AA 的"式重叠词。东北方言中的"AA 的"式重叠词大多是状态形容

词或者是副词，表示某种状态。常用的"AA 的"式重叠词多是描写某种状态，在东北方言的日常口语中使用频率比较高。

③"ABB"式重叠词。东北方言中有一部分 ABB 式重叠词，多是状态形容词，用于描写某种特定的状态，这些词也可以归入附加式构词，因为重叠的 BB 往往可以看成叠音的词缀。这些词基本使用词根的基本意义，叠音的词缀往往有增加程度义的作用，使词语更加生动形象。

④"ABAC"式重叠词。东北方言中的 ABAC 式重叠词，重叠了其中的一个成分，其他两个成分 BC 可以成词，也可以不成词。这些重叠词有些是动词，大多是形容词。形容词多用于描写某种特定的状态。

⑤"AABB"式重叠词。东北方言中的 AABB 式重叠词主要是动词或形容词。动词往往能够表示出动作连续的状态，形容词往往有增加程度义的作用，这些词在日常交际中的使用频率比较高。

⑥"ABAB"式重叠词。东北方言中的 ABAB 式重叠词的构词方式与普通话中动词的重叠词构成方式基本一致。如果 AB 不成词，东北方言中的 ABAB 可以看成词法中的构词方式；如果 AB 成词，也可以看成动词的重叠形式。

⑦"A 的 A 的""A 了 A 了""A 儿 A 儿"式重叠词。这类重叠词在东北方言中也比较常见，这类词大多是形容人运动中的某种状态。

二、东北方言中数词的使用

数词是用来表示基数或序数的。在现代汉语普通话中，数词具有较强的构词能力。在东北方言中，数词也往往被运用得恰到好处，使方言表达更加生动、形象。在东北方言数词的使用中，数词已不仅仅代表文化符号，更多的是带有了某种地方色彩。

在东北方言中，带"一"的数字词所占比重非常大。"一"具有强调、修饰的作用，这样的词义是从"一"的广大无际的联想意义引申而来的。例如，①还有一堆一耙的红高粱。（"一堆一耙"，成堆成片。）②他爹穷撼一个点儿的，往后月香咋登这个门坎儿。（"一个点儿的"，一个劲儿地。）

"二"表示稍差的、稍弱的意思。例如，①比最冷稍差时穿的"二棉袄""二棉裤"。②"二把刀"，指对某项工作知识不足、技术不高。③我家老爷想吃口西瓜，要不我才不扯这个二皮脸呢。（"二皮脸"形容没皮没脸的行为、人。）④这人二五不精，虎扯扯的。（"二五不精"形容人傻、缺心眼儿。）

在东北方言中，数字"三"有以下含义：①最少（小）。例如，三句话不离本行、三孙子。②最多。例如，三起三落。③泛指（任何）。例如，三不管、一问三不知。而由"三"组成的相关数字词则具有更丰富的含义。例如，这种人专会三吹六哨。（"三吹六哨"，吹牛皮、说大话。）这人怪着呐，有个大事小情他准跟着念三七儿。（"三七儿"，调皮挑衅、阴阳怪气的话。）这么大岁数了，三七儿不懂，四六不分。（"三七儿"还比喻起码的知识，情理。）

在东北方言中，"四"多有方正、规整、和谐的意思。例如，①个头不高不低，身段四称。（"四称"，诸部分和谐、匀称。）②迎门柜上哪来的两个四棱见线黄纸包。（"四棱见线"，棱角分明。）③咋就掰扯不出个四五六儿来呢。（"四五六儿"，条理、头绪。）④进山沟，四转圈儿先瞅一瞅。（"四转圈儿"，四周。）

在东北方言中，带"五"的方言数字词，含义非常丰富，形象性特点鲜明。例如，①小两口不知为了桩什么事，动开了五把扇。（"五把扇"，巴掌。）②"五花三层"，指（肉）肥瘦相间或（切糕）枣豆层叠等食品呈多层次构架。其中的"五"为实指。③有俩钱烧得五疾六瘦。（"五疾六瘦"，坐卧不安的样子。）④他这一辈子就五马倒六羊。（"五马倒六羊"，形容倒买倒卖，从中得利不轨行为，其中的"五"表示"多"的含义。）

"六"在东北方言中可以表示多种意义。①表示小的极限，如"零""乌有"；进一步引申表一般的否定。这一用法在东北比较常见。例如，"他懂个六哇？""你唉声叹气顶个六？""这么大的便宜，你还迟疑个六？"②表示"饱和"的极限。例如，"写了个六够。""上礼吃了个六够。"

在东北方言中，"七"虚化后表示"最高""最后"。其中"最高"的词义引申与"死"的词义虚化有异曲同工之处，例如，"好吃死了"就是好吃极了，该含义为东北方言所独有；"最后"的词义，与佛教中的"做七"中的含义有一定的相关性。而由"七"组成的数字词具有生动性的特点。例如，①七拉枯吃地吃完了。（"七拉枯吃"形容速度很快的样子。）②七三八四说了一大堆，气得我七三八四直劲儿骂。（"七三八四"，许多不中听的话，这个那个的。）

"八"在东北方言中也有几个意义。①虚指最多、最大。例如，"一口八个不答应""抬出八辈祖宗"。"八出戏"，比喻家庭成员间经常发生的多种不和，犹"难念经""难唱曲"。这一特点为东北方言数字词所独有。②转用义为"乌有，没影儿"。这一含义的使用比较普遍。在东北方言中，例如，"你这话说到哪八国去了""没那八宗事"。

在东北方言中，带"九"的数字词主要有两个。①"九莲灯"，有九个灯头的串灯。有的地方取它的"九"义，用同"七个巧""八匹马"的酒令。该词也指长九个花头的花。②"九天"，数九天气。这里面的"九"为确指，与古汉语中"九"的"幸福、吉祥、至高无上"义，已相去甚远。

在东北方言中，带"十"的数字词主要有两个。①"十不全"，（迷信的说法）掌管疾病的神。该词也用来比喻有多种疾病的人。②"十个头"，百分之百。这一含义由"十"的"顶点、十全十美"的意义引申而来。例如，"我十个头地赞成。"

在东北方言中，数词的嵌入往往使得东北方言形象而生动。在东北方言中，有这样一类由数词与数词或由数词与其他词组成的词语，其中的数词并没有表示数量的功能，如用"二百五"表示"头脑简单，什么也不懂，做事草率，莽撞"的意思。数词的这一用法在东北方言中很常见。

在东北方言中，数字词的运用比较多，如"一锅搅马勺""二虎巴登""四六不上线儿""七拉枯吃""八出戏""三七疙瘩话"等，这些词因为带有数词，所以在表义上更具有形象性和生动性的特点。而在日常生活中，这些词的运用则充满了趣味性。例如，①四棱八箍，形体不规则的样子，如"我好比顽石四棱八箍"。②四马攒蹄，动弹不得的样子，如"你没见我去年秋天，累的四马攒蹄的"。③八竿子打不着，拉不上丝毫关系，如"这件事和我们八竿子打不着哇"。④一撇一咧，形容用撇嘴咧嘴的方式表示看不惯的神情，如"老婆子看林黛玉那个样儿，总是一撇一咧的"。⑤一枪俩眼儿，多用来比喻一招失算两处吃亏，如"耽误生产不算，还搭上了二十多块钱，真是一枪俩眼儿"。⑥一顺撇，指顺拐，如"走着走着，胳膊腿儿又一顺撇了"。⑦一屁俩谎，形容特别虚假，如"你小子办事，总是一屁俩谎"。

三、东北方言中"的"的使用

东北方言中"的"（一般读为 di）的用法与普通话相比有较大差异，它可以在使用中代替动词和形容词。

（一）"的"代替动词

在东北方言中，"的"代替动词有两种情况：第一，用在否定副词"不"的后边，表示对某种要求的拒绝或说明某种情况不再延续；第二，用在否定副词"别"的后边，表示对某种行为的制止。在东北方言口语中，这种用"的"代替相关动词的用法相当普遍。如果"的"字后边出现相应的语气词，虽然整个句子的意思仍然表示拒绝，但语气上变得相对平和。如"不的了"表示很客气地拒绝邀请。具体来说，在"你还经常头疼吗？"的答句中的"不的了"，不是表示拒绝，而是表示"经常头疼"的情形不再延续，即"现在不经常头疼了"；对"你妈妈还老打你吗？"进行回答的"不的了"表示"不经常打"。

东北方言中的"的"用在"别"后，通常表示否定性建议或制止。例如，对"这些破东西我帮你扔了吧？"的回答，"别的"表示建议对方不要实施"扔"这样的行为；对"这本书我拿走了"的回应"别的"，表示"不要拿走"的意思。这种用法的"的"后面有时候可以出现语气词"啦"，这时往往表示某种做法完全没有必要。

（二）"的"代替形容词

在东北方言中，"的"代替形容词用在"不"的后边，表示原来的某种情况到说话的时间已经结束。例如，对"我的脸还红吗？"进行回答，"不的了"表示从说话的时间开始，原来"红"的状态已经结束；对"你那屋子还潮吗？"进行回答，用"不的了"是说现在已经不潮了，但以前的某一段时间是潮的。

四、东北方言中的动词使用

就东北方言动词而言，它有着非常明显的地域特征。词汇的诞生、消亡与演变本身就包含着这一地区的政治、经济、文化的印记，政治格局的改变、民族的交流、外来文化的影响等无不反映在语言中。

（一）东北方言动词的结构类型

按照动词内部的各种结构组成形式，可以把词划分为单纯词与合成词。一般认为，单纯词是由一个语素构成的，合成词由两个及两个以上的语素组成。

1. 单纯词

东北方言动词中的单纯词，一般包含单音词、叠音词与连绵词。

①单音词。东北方言中此类动词与普通话中在词义、词性、用法上有很大不同。有的词在普通话中是名词，而在东北方言中则变成名词动用；即使同样作动词用，也与普通话存在一定的差别。此外，一个字的单音词和叠加起来后的叠音词在词义和用法上也有不同。

②叠音词。此类动词在东北方言中数量巨大。有表示眼部、鼻子、嘴等局部动作的，如翻翻、哼哼、吵吵等；有表示全身动作的，如扭扭、晃晃等；有表示

行走动作的，如磨磨、转转等；有表示交际的，如翻翻等。有些叠音词和单音词在语义上有所不同，重叠后可以起到强化语气的作用，如"点点"和"点"；也有些叠音词和单音词语义上没有区别，如"晃晃"和"晃"。

③连绵词。连绵词又称联绵词，为双音节语素的一种，由两个音节加在一起构成意义，且是无法切分的，切分之后意思就会发生变化。它们的语素只有一个，可以是相同的声母，如"慷慨"；也可以是同样的韵部，如"窈窕"；或是读音一致，如"孜孜"；或是无关联的两个音节，如"嘀咕"。连绵词无法拆开单独使用，亦无法拆开来单独释义，故无法只从字面上来释义。连绵词可以分为以下几类：双声词，指两个声母相同的音节构成的连绵词，如"哈乎"；叠韵词，指两个音节的韵母相同的连绵词，如"横楞"；叠音词，是因语音重叠而形成的既双声又叠韵的一类词，如"哽哽"；还有其他非双声叠韵词等，如"掺和"。

单纯词是东北方言的一大特点，不仅丰富了东北方言，而且使东北方言更加生动，感情色彩浓烈，如叠音词就有强化语气的作用。

2. 合成词

一般来说，由几个语素构成的词叫作合成词。合成词的构成方式是多种多样的，最主要的一类称为复合词。复合词主要有联合式、偏正式、支配式、补充式、附加式等几种类型。①联合式，由两个语素并列融合而成。东北方言中的联合式词汇如"点划"。②偏正式，由动词与在它前面的起修饰作用的词组成。③支配式。语素之间包含支配与被支配的关系，一般是前一语素来表示动作或行为，后一语素来表示动作或行为所支配的对象。④补充式。前一个语素表示动作、行为，后一个语素对它加以补充。⑤附加式，采用"词根 + 词缀"的构词方式，在东北方言中较为常见。

合成词里有的是东北方言特有的，如"干仗"；也有些已进入普通话层面，和普通话近似，只在语义和用法上有所不同，如"掺和"，在普通话中指把两种东西掺和到一起，在东北方言中指参与。

（二）东北方言动词的意义类型

按照动词的表意分类，我们可以把动词划分为动作行为动词、心理动词、存现动词、趋向动词、能愿动词、使役动词与判断动词。①动作行为动词。单音节动词，如"捯""掐""撩""卡"；复音节动词，如"哽叽""拉扯""咋乎""呲哒""咯叽牙"。②心理动词，表示心理行为的动词，如"膈应""稀罕""忽悠""咂摸"。③存现动词，表示动作的出现或者消失的动词，如"没影""来"。④趋向动词，表示移动的趋向，如"上""下"。⑤能愿动词，即助动词，如"了"（liao）。⑥使役动词，表示"使""令""让"等意义的不完全及物动词，如"磨""忽悠""斥打"。⑦判断动词。在东北方言中，判断动词"是"和普通话并没有太大的区别，都是表示对主语做出判断，即判断主语"是什么""怎么样"。

（三）东北方言动词的功能类型

动词可按是否带宾语分为及物动词和非及物动词。在东北方言动词中，及物动词有的必须带宾语，有的则可带可不带。在东北方言的及物动词中，有的可以接人，有的可以接物。可以接人的动词，如"磨""唬"；可以接物的动词，如"盘""划拉"；可接可不接的，如"忽悠""斥打"。不及物动词为不允许带宾语的动词，在东北方言动词中，可以找到一些不及物动词，如"溜达""吵吵""咕嘟""鼓捅"。

我们还可以根据配价理论把动词分为一价动词、二价动词和三价动词。一价动词就是直接在主语的后面作宾语，例如，"溜达""吵吵""咕嘟""鼓捅"；二价动词就是在动词后面可以接宾语，例如，"唬""盘""划拉"；三价动词就是可以接直接宾语和间接宾语的及物动词，例如，"磨""忽悠""斥打"。

总体来说，东北方言中动词类别很丰富，有些词语的使用能够强化语气，提高艺术感，增加诙谐色彩。

（四）东北方言中的典型动词

"整"在东北方言中有极强的表现力，在口语交际中会经常用到，它可以表现不同的意义。"整"具有一般动作动词的词性。动词的语法特点如下：①主要作谓语。②多数动词（及物动词）能带宾语。③能受否定副词"不"修饰；除了心理动词，一般能受程度副词"很"修饰。④动作动词多数能够重叠。⑤绝大多数动词可以带"了""着""过"。

"整"的语用意义如下：①"整"多用在会话当中，少用于叙述中。因为会话会提供一个语境，那么下文就用"整"来代替那个动词，这样"整"就完成了动词所承担的语法功能。②"整"具有动词所不具备的色彩意义。"整"能体现出说话者说话时的语气和心态。例如，"兄弟，就不下去单整了，家里头有啥吃啥吧"，体现了说话人实在、豪爽的性格。③"整"只能用于日常生活中的小事，带有一种轻松、随便的色彩。

"造"是东北方言中的另一个泛义动词。在东北方言中，"造"有以下几个独有的意义：①糟蹋，祸害，弄乱。②吃，喝。③弄，摔。④有本事。⑤到……，往……。东北方言中的"造"并不是没有根源的，它是经过一步步扩展整合而来的，是"造"的意义长期分化的结果。"造"一般用在亲朋好友或熟悉的人之间，含有幽默诙谐的意味和夸张的色彩。

"搁（gē/gāo）"这个词在东北方言中至今仍在使用，然而 gāo 只有语音和语义却没有一个规范的书写形式。"搁（gē）"这个词在东北方言中发生了语音上的变化。从使用的角度看，使用的地域集中在农村，使用者的年龄多是老年人。"gāo"是一个动词，从语义和语法角度看，它和"放"的"放置"这个义项有相同的语法和语义。从使用角度看，gāo 的使用人群正在缩小，城市化的进程使农村人口减少，老龄化的进程又使老年人口减少，那么 gāo 未来发展的走向可能会被"放"完全替代而逐渐消失。

五、东北方言中程度副词的使用

副词是指在句子中表示行为或状态特征的词，用以修饰动词、形容词以及其他副词或全句，表示时间、地点、程度、方式等概念。程度副词是副词的一类，表示程度的深浅。程度副词在现代汉语词汇中数量不是很多，但在语言使用中出现的频率位居前列。因此，程度副词在现代汉语中具有重要的地位。东北方言中的程度副词是具有东北方言特色的，与普通话程度副词意义相当。

东北方言程度副词的分类沿用现代汉语普通话程度副词的分类标准。从相对程度副词和绝对程度副词的角度进行大类的区分，再分别对"很"类程度副词和"最"类程度副词根据量级进行更细致的划分。因此，最终将东北方言程度副词划分为"很"类程度副词和"最"类程度副词两大类，并将"很"类程度副词划分为"超高级""极高级""次高级""略低级"，但通过对语料的系统分析可知，东北方言中没有与绝对程度副词中的"超高级"量级相对应的程度副词，于是将"最"类程度副词划分为"最高级""更高级""比较级""较低级"。当然，由于程度副词的量级的确定具有一定的主观性和模糊性，因此，对于细致小类的划分争取做到客观与精确。

由于东北方言中，"最"类程度副词数量极少且所具有的东北方言特色不明显，与普通话"最"类程度副词区别不大。因此，这里主要讨论东北方言中的"很"类程度副词。在"很"类程度副词中，表示量级程度最高的副词被称为"超高级"程度副词。但在东北方言程度副词中，相对来说，在量级上没有与"超高级"程度副词相匹配的一类词。因此，本书结合实际，最终将东北方言"很"类程度副词归纳总结为如下三小类:"极高级"程度副词"老""贼""血""诚";"次高级"程度副词"舶""精""溜""焦""确""恶""杠杠""哇哇""嘎嘎""嗷嗷";"略低级"程度副词"挺"。

作为东北方言中比较具有特色的一类词,东北方言"很"类程度副词在东北地区广泛地被使用和认同,甚至成为东北方言口语的特色标志词。东北方言"很"类程度副词之所以能独立且长久地存活于东北地区,就是因为它们有着其他表达方式无法完全取代的独特的语用价值。

(一)感情色彩浓烈化

现代汉语普通话中的程度副词本身是不带任何感情色彩的,只起到调节程度的作用,不具有感情色彩的标记性。但是,东北方言"很"类程度副词可以表现出浓烈的感情色彩。它们可以增强褒义或贬义的感情色彩,将说话者的情感倾向和态度体现得更加明晰。

我们通过对比可以更直观地感受到东北方言程度副词的感情色彩。例如,①你看那姑娘,长得很漂亮。②你看那姑娘,长得非常漂亮。③你看那姑娘,长得老漂亮了。④你看那姑娘,长得贼漂亮。对比这四个句子,前两个为普通话程度副词,分别为"很"和"非常",都用来修饰"漂亮"一词,感情色彩为褒义,但显得很委婉,所使用的情况多为正式场合,只是进行客观事实的陈述。而后面两句则是受东北方言"很"类程度副词"老"和"贼"修饰的"漂亮",更饱含情感,很自然地能让听话者感受到说话者的喜爱的感情。可以看出,东北方言能够展示东北人直接而淳朴的语言特色,使整个语言更具有丰厚的感情色彩,更加鲜明而逼真,从而更直接地显露出说话者所要表达的情感。

东北方言"很"类程度副词中大多数都可以加深表达双重的感情色彩,主要取决于语境和其所修饰的中心词的感情色彩指向。例如,①这部电视剧拍得不错,我老爱看了。/这部电视剧拍得不好,我老不爱看了。②这都热了好几天了,现在下雨老凉快了。/这都阴了好几天了,现在下雨老冷了。由上可知,在不同的语境和中心词感情色彩下,东北方言词能恰到好处地将整个句子的感情色彩变得更加充沛,这也是东北方言"很"类程度副词的一个特色。

(二)表达程度生动化

东北方言之所以被公认为是最幽默的方言之一,主要是因为东北方言所表现出来的生动性和形象化。东北方言"很"类程度副词修饰中心语之后的结构所具有的陈述性和描述性更强，并且带有强烈的主观性，同时有夸张的表现成分在，使得所修饰的成分表达出的程度甚至超出事实本身的程度范围。例如，①这件衣服你穿着老好看了，不买你都会后悔一辈子。②这件衣服你穿着很好看，不买你会后悔一辈子。很明显，"老"修饰的好看的程度要更夸张一些，已经超出了人们对正常衣服的漂亮程度的预期，带有夸张性却又很让人信服。这是东北"很"类程度副词的夸张性作用。

在东北方言程度副词中，还有一类拟声词兼类程度副词，这些程度副词更具有生动形象表达的特点。因为它们本身就是由拟声词活用而来的，而拟声词自身就带有形象性，因此，当活用词演化为兼类词之后，这种自身属性依然存在于这一类的东北方言程度副词中。例如，①我们嗷嗷喜欢这个老师。②他演奏结束，台下传来了哇哇多的掌声。例句中，"嗷嗷"和"哇哇"本来都是形容音量很大的声音，而且干脆又持久。东北人说话声音比较洪亮，因此，"嗷嗷"和"哇哇"都是表示程度很深的两个程度副词。如"嗷嗷"表达的是喜欢这个老师的程度之深，"哇哇"表达的是对演奏者的赞美程度之深，它们除凸显程度之深外，还将程度深表现得更加生动和形象。这样的程度副词修饰中心语会给听者带来画面感，从而更能理解和感受到说话者想要表达的感情倾向。

这是东北方言所独具的生动性特点，同时东北方言"很"类程度副词的使用从侧面体现了东北人凸显性格特点的表达方式，也体现了东北人幽默、诙谐、豪爽的性格特点。

六、东北方言中的几种语序

语序也叫词序，简单地说就是句子中不同词语的排列顺序。汉语句子的语序比较稳定，如主谓结构一般都是主语在前，谓语在后；定中结构一般都是定语在前，中心语在后。在特定的方言口语中，由于交际需要，也存在一些比较有特异性的语序。东北方言中有以下的语序情形。

（一）主语后置

主语后置的情形在各种方言中都有。主语后置主要是说话人想把个人认为重要的信息先讲出来，这在普通话中也是存在的。但是主语后置的情形在东北方言的某些区域使用频率相对要高。如在反映东北生活的电视剧《马大帅》中，范伟饰演的角色，其口语中就经常使用主语后置的句子。

（二）状语后置

状语后置在普通话中出现，往往表现为某种特定的表达功能。一般来说，如果说话人把状语放在后边，多是强调这个状语前面的部分，如"走不走，现在"是强调"走不走"。东北方言中状语后置是比较常见的现象。

（三）其他情形

东北方言中还有一些其他情形的语序，和普通话往往有一定的差异。例如，在"你干啥去"中，说话人主要强调的内容是"干啥"，这时它后面的"去"往往轻读，"去"的意义也不是很实在。如果这个句子中的"去"重读，就是另外的一个句子，表示"你为什么去"。又如，"这太好了，唱的！"是东北话中常用的另外一种句式，意思就是"唱得太好了！"。

第三章　东北方言的根基与血脉

语言作为一种特殊的现象，与文化有着非常密切的关系。从文化角度对东北方言的来源进行分析，探讨文化与东北方言的关系，能增加我们对东北方言的认识。本章分为汉文化对东北方言的影响、多民族的融合与衍变、闯关东文化对东北方言的影响三部分。

第一节　汉文化对东北方言的影响

一、汉文化概述

（一）文化的定义

我们在讨论文化问题时，首先要明确的一点就是"文化"到底是什么。在中国传统文化语境中，"文"字最早出现于甲骨文，形似身上刻有花纹的直立人形（有时没有花纹），其较早的引申义是"纹理"。《周易·系辞下》中写道"物相杂，故曰文"，《左传·隐公元年》中写道"仲子生而有文在其手"。后"文"字引申为文章典籍、礼仪制度等义。"化"字最早见于金文，有变化、改易之意，《国语·晋语九》中描述的"鼋鼍鱼鳖，莫不能化，唯人不能"即此意的较早表现。后"化"字的引申义"教化"运用的较为广泛，例如，《周易·乾》中写道"善世而不伐，德博而化"，《东观汉记》中写道"至今江南颇知桑蚕织履，皆充之化也"。

"文化"一词连用一般指"文以教化"，即以文德教化天下。《周易·贲》中写道"刚柔交错，天文也；文明以止，人文也。关乎天文以察时变，关乎人文以化成天下"，这里"文"与"化"并没有作为单独的词出现，但其以文德教化的意义已经表现得很明显。《说苑·指武》中写道"圣人之治天下也，先文德而后武力。凡武之兴为不服也。文化不改，然后加诛"，《南齐书·武帝纪》中写

50

道"及至权臣内侮，蕃屏陵上，兵革云翔，万邦震骇，裁之以武风，绥之以文化，遐迩清夷，表里肃穆"，以上描述中的"文化"已经成为一个连用的词了，其意义与内涵如当代新儒家的主要代表唐君毅所说的"依于人者仁也之认识，以通天地、成人格、正人伦、显人文是也"。

在现代，一般认为，从文化指代的范畴上来讲，有广义文化与狭义文化的分别。狭义文化往往仅指精神财富，广义文化则泛指在人类发展过程中所创作的一切精神与物质财富。关于狭义文化的经典解释，见于英国人类学家爱德华·伯内特·泰勒所著的《原始文化》，他在书中写道"文化，或文明，就其广泛的民族学意义来说，是包括全部的知识、信仰、艺术、道德、法律、风俗以及作为社会成员的人所掌握和接受的任何其他的才能和习惯的复合体"。这种偏向于文化的精神价值属性的解释，在一定时期内为人们所广泛接受。在英语中，与"文化"相对应的词语是"culture"，从词源学的角度来说，其本意有"耕种"的意思，后引申出教育、修养、礼仪、知识等含义，在大多数西方语言中，"culture"通常的意思是文明、教养，特别指像教育、文学、艺术这类的教养，这是狭义的文化。关于广义文化的内涵，中国现代哲学家张岱年将其解释为物态文化、制度文化、行为文化、心态文化四个方面，这比以物质财富和精神财富划分的方式要更为细化，也是目前对于文化的内涵较为经典的划分方式。当然，就广义文化而论，还有细化的解释。例如，日本学者水野佑认为日本民族文化史的意思可以规定为日本民族的生活方式的历史，其将文化作为"生活方式"的内涵界定为时代、景观、民族、语言、国家、日常生活、宗教、社会组织、经济、艺术十方面，从中我们可以看到关乎文化形成与扩散的某些重要因素。人类社会的发展过程，从某种意义而言就是人类认识和改造自然的过程。人类文化的形成，实际上就是人逐渐脱离自然性和动物性的过程，文化的实质性含义可看作自然的人化。人类在自然中创造了独特的"生活方式"，在这种"生活方式"中，时代、地理等构成了文化的底层要素，民族构成了文化的人口成分，经济为文化提供物质基础，国家、社会组织为文化提供制度保障，日常生活是文化的行为表现，语言、艺术则成为文化的精神源泉。这其中，时代、地理、民族要素实际上是作为文化生成的前提而出现的。当然，学界目前关于"文化"界定的观点还有很多，但一个可以肯定的观念是，在我们讨论文化生成过程的时候，单纯地讨论精神文化内容往往是不够全面的。

（二）汉文化的定义

汉文化的概念原本就是单纯指汉族文化，这是根据人们的约定俗成的命名习惯而定的。随着历史车轮的不断推进，汉文化已经不能被片面地等同于汉族文化。这是因为中国历史的改朝换代以及与周边各国家和地区的互通有无，汉族人生活的各个方面已经渐渐融合了其他文化，并且汉文化也随着各个国家和地区间的经济、政治交流而传播到了其他地区。另外，汉文化与汉代文化有所差异。汉代文化从字面意思来看是指汉代的文化。它所指代的是一个朝代、一段历史时期的文化，而并非汉文化所形成的文化圈内的文化。当然我们不可否认的是，汉代这一历史时期囊括了汉文化的雏形形成和发展成熟的过程。在这一个历史时期，汉文化从最初的华夏文明发展出了具有独特价值体系和民族特性的文化，奠定了汉文化在今后几千年的发展基础。然而，正如爱德华·伯内特·泰勒说过的，文化和文明是一个复合体，不可以以一段历史发展阶段来定义。由此可见，汉族文化与汉代文化确实包含在汉文化的范畴之内，用汉族文化与汉代文化来解释汉文化又都是片面的，因此我们可以看出，以汉代文化指代汉文化是具有历史的局限性的，而以汉族文化指代汉文化又具有民族的局限性。汉文化是结合了华夏几千年文明的综合文化体系，不是某一个历史时期或者某一个民族就可以概括的。它综合了从哲学层面到社会生活的各层次文化精神，以骄傲的身姿行走在历史的长河中。

关于"汉文化"的界定，一般而言，人们通常意义上所说的"汉文化"指的就是汉民族的文化，在对这一概念进行阐释之前，我们首先要明确两个问题：什么是汉民族，什么是文化。关于什么是"文化"，如前所述，我们很难对什么是"文化"做出一个完美的定义，那么自然地，关于"汉文化"一词的内涵与外延也很难界定。同时，关于什么是汉民族这一问题，我们也很难做出一个完整而无懈可击的回答。因为如果我们要解释什么是汉民族，就必然要先考察其起源与生成的过程，而这一过程在历史上充满了复杂性。一个明显的问题在于，汉民族的形成呈现出复杂的多源性，是一个长期的过程，在这个过程中它始终在不断地吸收与融入其他民族，这就使得我们观察历史上某一节点的汉民族状态时，构成汉民族这一整体的某一部分的民族性往往显得十分模糊——这主要出现于民族融合的过程中。因为民族的融合并非即时性的，往往要经历长期的过程。对于融入汉民族的其他民族来说，在这个过程中，很显然地，随着种群的融合，一部分人的民族性将有一段时间是在保留着原本的民族传统的同时也体现着汉民族的特征的，而正是这种模糊性，使我们在界定这一部分人在这一阶段的民族归属时，无论是从体质人类学的角度还是文化人类学的角度都是难以处理的。并且，在这样一种民族融合的进程中，融合区的民族文化往往会带有交叉性，这使得我们在界定汉民族的组成结构时，往往很难做出一个明确而清晰的划分——因为民族与民族之间的界限往往并非泾渭分明。当然，一般而言，就融入汉民族的其他民族而言，这种模糊性并不是一直存在的，当汉民族的文化彻底在其民族文化中占据主导地位之后，我们就可以说这个民族已经融入了汉民族。在民族融合的进程中，融合的关键在于民族文化的融合，唯有文化上的认同与交融，才可以使民族间的隔阂消泯。当然，这种文化上的融合绝非某种文化单方面地吞噬其他文化，文化上的影响是相互的，最终达到文化认同的一体形态。同时，在汉文化与其他文化融合的进程中，由于华夏文化、中原文化历史上在整个东亚地区的主导地位，往往其融合的最终形态都是以汉文化为主导的。关于这个问题，在汉代的东北民族文化与汉文化的交流过程中，就存在一个鲜明的例子。

在考古发掘领域，于东北地区的汉代墓葬中曾发现了大量铁制兵器，规模最大的是辽宁省西丰县西岔沟汉代古墓群发掘出的 71 柄铁剑。这些铁剑分木柄和铜柄两种，其中木柄铁剑是中原地区早已出现的样式，是典型中原式样的兵器向东北地区传播的结果；铜柄铁剑则分为触角式铁剑和长杆穿环式铁剑，有浓郁的东北地方特色，它们极可能是来自东北地区的两种剑柄首与来自中原地区的铁剑身在当地融合的产物。这些铁剑的制式极为鲜明地体现出汉文化与其他文化交流融合时的特征，无论是触角式铁剑还是长杆穿环式铁剑，都体现出汉文化的突出影响，并且带有东北民族文化的鲜明特色。在这个事例中，尽管这些铁剑仍然显示出正统的华夏文化原本并不拥有的某些特质，但我们已经不能将其排除在汉文化谱系之外，它们已经作为汉文化与其他文化融合的产物而融入汉文化之中了。因此，与汉民族的构成一样，我们在看待汉文化的生成时，绝不能忽视其多源性。

汉文化绝非单一汉族——即以正统中原华夏族为源的民族文化，其内涵应该是宽泛的，其构成绝不是单一的，它是一种以传统华夏文化、中原文化为主体和统治地位的共同体文化，它是多元的，也是一体的，其形成是长期的，其组成是流动的。也正因如此，在汉文化的内部，随融入文化的不同，还体现出一定的地方性与区域性。由于这个原因，在我们观察汉民族的内部结构时，我们会发现其在历史上的表现是动态变化的，并没有一个固定的结构，不同朝代、不同时期的汉民族结构往往存在着差异。基于此，我们往往很难认定汉民族作为一个完整的民族是在什么时期正式形成的。

一般而言，学界很多观点认为魏晋南北朝时期应该是汉民族正式形成的历史阶段，随着周边民族（尤其是北方民族）与中原华夏族的大规模融合以及华夏族群向周边的迁移，最终形成了一个族源复杂的民族共同体，其民族文化以华夏文化或者儒家文化为主导。如果这个观念是成立的，那么汉民族在汉代的形态问题就很难处理，因为我们可以发现，在汉代，起源于中原的华夏族与北方民族（如匈奴、东北各族）的民族融合已经开始并且已成规模，而且居于汉文化极为核心地位的儒家文化在汉代已经成为思想文化的正统与主流，其影响早已深入汉代社会的骨髓之处，对人们的思想意识已经产生了深远影响。尤其是汉代的中原文化作为华夏文化的直接继承者和当时的主流文化，也完全继承了传统观念中的"大一统"思想。所谓大一统，并不仅仅指政治、领土、社会上的大一统，当然包括思想文化上的认同。从这个角度而言，汉代的整体民族融合状况显示出汉民族至少已经处于初生阶段，其发展脉络已经被勾勒得较为清晰，无论是思想文化还是种群融合方面已经完成的准备都为之后大规模的民族融合与人口迁移打下了基础，汉民族的雏形已经形成。因此，就汉代时期的情况而论，尽管汉民族的形成时期我们很难有一个定论，但汉代的文化理所当然地属于汉文化谱系应该是没有问题的。

二、汉文化对东北方言形成产生的影响

汉民族是生活于东北地区最古老的民族之一，东北地区的历史里始终存在着汉族人民的身影。同时，东北地区还留下了众多少数民族的足迹。历代东北地区的少数民族变换更替，先秦的东胡、濊貊、肃慎等少数民族到了秦汉之际逐渐发展为生活在东北西部连接内蒙古草原的乌桓、鲜卑等东胡族系，生活在东北中部平原的扶余、高句丽、沃沮等秽貊族系，生活在东北东部山区的挹娄等肃慎族系，这一民族格局一直持续到明清时期。其间少数民族的兴盛与强大此起彼伏，例如，辽朝鲜卑分支契丹族的壮大，金清两朝肃慎族系女真、满族的交替强盛等。这些民族虽然所处年代不同，名称与地理分布有所变化，社会经济状态各有差异，但他们在语言上属于同一个语系——阿尔泰语系，一种无声调的语言系统。在这种情况下，东北地区的汉民族文化与少数民族文化通过贸易、征战等方式进行接触时，双方民族都会努力学习对方的语言形式。有声调的汉藏语系学习无声调的阿尔泰语系容易，而无声调语系学习有声调的语系较难。因而，这种语言的互学对有声调的汉藏语系影响要更大一些，这也是北方汉语入声逐渐消失，与古代中原汉语渐行渐远的原因之一。

第二节　多民族的融合与衍变

一、民族与多民族的概述

（一）民族与多民族的定义

民族作为一个客观历史范畴，在世界上已经存在了数千年之久，是人类社会发展到特定阶段才出现的具体社会现象。中国古代对于民族的称呼，更多用"族""族类"等概念。例如，《左传》中写道"'非我族类，其心必异。'楚虽大，非吾族也，其肯字我乎"。许多"族类"相关的概念，从评判区分标准来看，与民族的划分方式大致相同。由此判断，"族类"的概念已基本具备了民族的要素特征。已有资料显示，南朝道士顾欢写有"今诸华士女，民族弗革，而露首偏踞，滥用夷礼，云于翦落之徒，全是胡人，国有旧风，法不可变"的语句，是中国目前研究可考的最早的"民族"概念，其含义已基本与今日相近。中国现代意义上的"民族"一词源于西方，近代以后逐步传入中国。虽然马克思、恩格斯等早期马克思主义理论家、思想家都没有明确提及民族的定义问题，但他们在研究中分析了民族性格、民族特征等相关问题，探讨了民族意识、宗教信仰、民族起源发展等问题，规定了民族平等、民族团结等原则。列宁在上述基础上，制定了相关的民族文化政策，为马克思主义民族理论的发展奠定了基础。斯大林在马克思主义发展史上，第一次比较明确地提出了相对完整的民族定义，他认为，"民族是人们在历史上形成的一个有共同语言、共同地域、共同经济生活以及表现于共同文化上的共同心理素质的稳定的共同体"。这个概念基本归纳了同一民族的共性特征，在很长的一段时间内，都是社会主义国家所信奉拥护的权威的民族概念，具有重要的影响力。中国也在相当长的社会时期中，使用这一概念作为学术研究和政治表述的民族概念。直至21世纪初，党中央和国务院主持召开的第三次中央民族工作会议上，才对斯大林的民族概念补充了中国人的进一步理解。这次会议提出：民族是在一定的历史发展阶段形成的稳定的人们共同体，一般来说，民族在历史渊源、生产方式、语言、文化、风俗习惯以及心理认同等方面具有共同的特征。这一概念表述综合考虑了我国的历史因素和现实国情，比斯大林的定义更为全面准确。本书研究涉及的民族概念，便以这一表述为依据。要进一步分析探讨民族的概念内涵，自然而然要讨论民族概念的广义和狭义之分。一般意义而言，广义的民族概念基本与国家紧密联系，例如，中华民族、美利坚民族等。狭义的民族概念是作为民族国家组成部分的具体民族，在我国则表现为56个明确规定的民族。本书在论述时使用的民族概念一般情况是狭义的民族概念，涉及广义的概念时，会使用中华民族这一全称表述或者用前后文具体的语境指明。此外，在涉及民族概念的时候，部分民族学、人类学的学者也会使用20世纪中叶以来，逐步从西方传入并不断扩大影响的"族群"一词来对比探讨。"族群"这一概念源于欧洲中世纪的宗教教义，过于从文化层面强调"我们"和"他们"的差异，从理论和实践层面都不能更好地反映我国民族的历史和现状，因此本书依然使用民族这一传统概念。

中国历来是一个多民族国家。新中国成立之后，伴随着历次的人口普查和民族识别工作，在改革开放之初，才逐步确立中国的56个构成民族，其中汉族人口最多。根据1982年第三次人口普查数据，汉族人口约有9亿多，占总人口的93.3%，其他民族约占6.7%；1990年第四次人口普查数据显示，汉族人数10亿多，约占总人口的91.96%，其他民族约占8.04%；2010年第六次人口普查的结果显示，汉族人口超过12亿，约占全部人口的91.51%，其他民族人口约占8.49%。由于除汉族外的其他民族人口数量相对较少，人们习惯性称其为少数民族。经过几千年的流动迁徙和交融共处，汉族主要分布于长江、黄河、淮河、珠江等几大流域以及东北华北平原等农耕地区，同时也在边疆地区与各少数民族杂居。少数民族人口虽少，但分布极为广泛，既有少数民族自治地区这些比较集中的区域，又分散于全国各地。总体来看，在我国，少数民族和汉族以"大杂居、小聚居"的方式交错杂居。与少数民族相关联的常见区域名称主要有三种：民族地区、少数民族地区和多民族地区。三者表述的内容相近，具体所指地域很大程度上趋于重合，在各类文章中经常交叉使用，很少有文章进行严格区分。三个概念在内涵以及侧重点等方面有具体的不同，需要进行详细的区分，并运用于各自合适的场合。一般意义而言，民族地区这一界定的主要对象是指所有的少数民族自治地方，但其侧重在正式场合强调区域地理的严谨性，是政治层面的行政区划概念，一般在领导人讲话和会议文件中多见这一概念。例如，2014年召开的中央民族工作会议提出要"支持民族地区加快经济社会发展""发挥民族地区特殊优势"。

我国西北地区又称西北、中国西北，从行政区划来看，主要包括陕西省、甘肃省、青海省、宁夏回族自治区、新疆维吾尔自治区，此外还包括内蒙古西部的部分地区。西北地区是中国重要的多民族区域，包括中国少数民族最为集中的宁夏、新疆和青海3个省份。这一地区有维吾尔族、哈萨克族、柯尔克孜族、塔吉克族、塔塔尔族、乌孜别克族、撒拉族、土族、裕固族、保安族、东乡族、回族、蒙古族、藏族、锡伯族等众多少数民族。西南地区也是中国重要的地理分区和多民族地区，东临中南地区，北依西北地区，行政区划主要包括重庆市、四川省、贵州省、云南省、西藏自治区。西南地区是中国少数民族种类最多的地区，有珞巴族、门巴族、羌族、水族、布依族、仡佬族、白族、阿昌族、普米族、怒族、佤族、傈僳族、纳西族、基诺族、景颇族、拉祜族、布朗族、德昂族、独龙族、哈尼族、藏族、彝族、苗族、瑶族、土家族等少数民族。东北地区也是中国重要的地理分区，行政区划除了黑龙江、吉林、辽宁三省外，还包括内蒙古东部的部分地区。东北地区分布着相当数量的少数民族，如满族、朝鲜族、赫哲族、鄂伦春族、鄂温克族、达斡尔族、蒙古族、锡伯族等。华南地区主要包括广东省、广西壮族自治区、海南省、香港特别行政区和澳门特别行政区，但福建省和台湾省在文化、风俗、血缘、人员移动等方面与华南地区渊源深厚，因此一定程度上也可以属于广义华南地区的范围内。

（二）中国多元民族文化观形成的历史因素

1. 中国的地理环境有利于中国多元民族文化观的形成

地理环境是指某一人类社会所处的地理位置以及与此相联系的各种自然环境的总和，它是每个民族得以生存和发展的必要条件。我国陆地总面积达 960 万平方公里，居世界第三。广大的领域，纵深的腹地，为中华民族文化的产生和发展提供了广阔的天地。辽阔的疆域和复杂多样的地理条件为中国民族文化多元起源和众多民族的生存与发展提供了优厚的物质条件。中华大地这种相对独立的地理特征为中国民族文化多元发展奠定了地域基础。我国地理条件复杂，大陆整体地势西高东低，呈阶梯状分布，东部多平原，耕地面积广大，中西部地形则以高山、高原、山地为主。

由于受到古代交通不便、技术落后以及地理环境的复杂性的影响，生活在不同地域的各族人民长期缺少交流，各自发展各自的经济、文化。地理环境所造成的天然隔离，使各个民族之间的交流和学习受到了极大的限制。但是，它在客观上又促成了这些民族屏蔽外部影响、保持自身民族文化特点的天然性。由此形成的不同民族文化正是中华民族文化中多元成分的体现，中华大地这种复杂的地理条件同其广阔的疆域一样，对中华民族文化多元成分的形成和发展起到了重要作用。然而随着各民族经济文化交往的不断加强，民族之间的联系日益紧密，各民族对其他民族的文化也予以了理解和尊重，文化认同在不断增强。可见，中华大地复杂多样的地理条件在孕育中华民族文化多元发展的同时，也蕴含着中国各民族走向一体的历史趋势，这就为中国多元民族文化观的形成提供了条件。

2. 民族间的接触和交往促成中国多元民族文化观的形成

民族发展依赖于不同民族之间的相互交往，从而使物质文化、精神文化得以传播、发展和繁荣。

在我国远古时代，各民族集团就已经发生联系。传说中的"三皇""五帝"及同时代的人物中既有华夏民族集团的首领，如黄帝、炎帝、颛顼等，也有东夷民族集团的领袖，如蚩尤、太皞、少皞。他们之间的联系更多是通过战争的形式表现出来的，而频繁的战争导致了民族间的不断融合。

先秦时期，在中原建立的具有国家形态的政权夏、商、周三朝，各民族的联系得到进一步加强。据《尚书·禹贡》《史记·五帝本纪》等文献记载，夏时已有东夷、北狄、西戎、南蛮的观念和称谓。夏、商、西周时期，处于中华民族逐步成为一个多民族国家的萌芽时期。

春秋战国时期，战争频繁，诸侯争霸，争霸战争促进了民族的大融合。不断的争霸战争，周边的少数民族袭扰中原，于是出现了空前的民族大迁徙、大交流，华夏族与其他少数民族接触频繁。随着各民族交往联系的频繁，相互学习，相互促进，整个社会经济获得了发展，各族融合，形成了以秦、楚、晋、燕、齐等为中心的融合区域，进而促使各族共同走上向封建制转化的道路，促进了整个社会向前发展，民族不断融合。

至秦汉统一中原后，较大范围内的统一得以实现，秦汉时期是历史上民族大融合的第一个鼎盛时期。在这个统一的国家政权中，虽然存在着统治民族与被统治民族的区别，但当时的绝大多数民族都被纳入这个统一体中。秦汉统一的多民族国家的建立，使多个民族进行了相互交流和融合，并使不同民族的文化相互交融和发展。

魏晋南北朝是一个分裂的时代，也是一个民族之间移民和融合的时期。在这段时间里，南方人移民的频率很高，很多汉族人移民到了少数民族，而少数民族则迁移到了汉人之间。这就导致了不同的民族之间的混居，这些不同的民族不但形成了共同的地域，而且加强了联系和交流，增强了政治、经济、文化、社会、风俗等方面的共同点，消除了分歧，最后形成了相互的融合。

隋唐时期是我国统一的多民族国家的重要发展阶段，民族关系空前繁盛，特别是唐朝前期。唐朝前期是我国封建社会的繁荣时期，政治制度先进，经济发达，科技文化昌盛。这为汉族政权发展民族关系提供了良好的基础，同时也对边疆各族具有强大的吸引力，使他们迫切要求吸收唐朝先进文化，主动和唐朝政府发展关系，而唐朝中央政府的民族政策也较为开朗，积极采用如直接管辖、册封和平等交往等多种方式主动发展同周边各族的关系。

两宋时期战乱频繁，促使汉族人民向边疆地区迁移，少数民族进入中原，各民族杂居相处，有利于民族融合。少数民族政权受汉族文化的吸引，主动采取汉化政策，封建生产方式不断向边疆地区扩展，加速了少数民族的封建化进程。和战交错，和平是主流，双方使者往来不断，"榷场"贸易兴盛，加强了民族间的经济文化交流。

元朝是蒙古人建立的王朝，蒙古统治者基本上沿用汉人的政治制度，尊崇儒家思想，许多入居内地的蒙古人和色目人与汉族通婚，学习汉文化。

明朝是统一多民族国家巩固和发展的重要时期。嘉靖以后，在汉人与蒙古人的互动中，塞上形成了许多"板升"。有学者考证，蒙古语"板升"实源于汉语"百姓"一词。一般认为，"板升"是以从事农业生产的北迁汉族为主体，在塞上形成的定居聚落。它既是近代人口大迁徙"走西口"的前奏，也是各民族交往交流交融历史的缩影。

清朝是满人建立的王朝，民族融合呈现出一些新的特点。清军入关后，满族大批迁入关内，客观上打破了满汉之间的地域界线，形成了交错杂居的局面。为了巩固统治，清朝统治者与汉族上层联合，并采用汉族的制度和文化。尤其是在辛亥革命后，大量满人融入汉族。

中华人民共和国的成立，开创了中华民族发展进步的新纪元。新中国成立后，真正实现了各民族的一律平等，在1949年中国人民政治协商会议第一届全体会议通过的《中国人民政治协商会议共同纲领》中明确规定了各民族在社会生活的一切方面均享有相同的权利和履行相同的义务。后来，全国人民代表大会制定的我国历次宪法也都明确规定了各民族平等的权利。1953年至1979年，我国开展了科学识别民族的工作，逐步确定了全国55个少数民族，使一些过去不被承认的少数民族也享有平等的权利。国家用法律形式确定，并贯彻实行保障各民族平等的权利，其中也自然包含了保障少数民族传统文化存在和发展的权利。1978年党的十一届三中全会的召开，拉开了改革开放新时期的序幕，民族之间的接触和交往也随着经济社会的发展越来越频繁，大大促进了民族文化的多元发展。自1999年实施西部大开发战略以来，我国采取了一系列政策、措施，加快了西部民族地区经济现代化的进程。不同民族在西部大开发的过程中，经过长期的接触和交往，人们的一些传统观念发生了深刻的变化，现代的价值观念、科学观念和生活观念正逐步建立起来。这不仅与受西部大开发影响地区的现代化进程同步，而且是民族多元文化现代化发展趋势的重要标志。

在当代，我国少数民族在大杂居、小聚居的局面下与其他民族进行广泛的交流。56个民族的文化各放异彩，独立发展，各民族文化充满活力。和谐社会的构建，民族文化的交流，必将有利于各民族相互学习、相互借鉴，丰富本民族的文化宝库，促进民族文化的进步。同时，文化上的交流与借鉴可以促进各民族在人才、经济、艺术等方面的交流互动，从更高的层次上推动民族地区和谐社会的建设。

二、多民族文化对东北方言形成的影响

我国东北地区是一个少数民族聚居区，生活着满族、蒙古族、赫哲族、达斡尔族、鄂伦春族、鄂温克族、锡伯族等少数民族。早在夏商周时期就有文献记载东北地区的民族及其社会发展状况。这些生活在东北地区的土著少数民族所使用的语言后来被划归到阿尔泰语系。在很长的时期内，阿尔泰语系在东北地区占据主体地位。

在清末民初之际，原为东北地区通用语的满语失去了主体语言的地位，汉语成了东北地区的通用语。虽然东北地区的通用语言发生了转换，可少数民族的语言并没有完全消失，而是作为底层语言仍然保留在东北方言里。

现在的东北方言里仍有不少词语是来自少数民族的，例如，"齐齐哈尔"来自达斡尔族，"卡伦湖"来自锡伯族，"波罗盖儿"来自满族，"昌图县"来自蒙古族，"佳木斯"来自赫哲族。

东北文化是多元化的，独特的文化形式使得东北地区的文化发展备受关注，能够真正地实现地域特色，更好地彰显地区的文化风格。其中，儒家文化是东北汉文化中的重要代表，这种文化形式十分注重对不同种族的有效划分，以更好地实现文化的进一步发展。农耕文化所产生的影响比较显著，渔猎文化以及游牧文化也有非常重要的呈现。先秦时，东北的各个民族都拥有各自的民族语言，与中原地区的汉语并不相通。这就影响了东北地区与中原地区之间的交流，不管是官方性的朝贡交流还是民间的语言交流，由于语言出现了隔阂，就很难深入的"走近"及"深入"，这就使得东北各个民族的文化和中原文化之间形成了一道屏障。由于人类始终处于"活动"的状态，逐渐地形成了文化上的相互交流与融合，逐步得到了"统一"，加上人们有想要沟通交流的欲望，所以秦时才有了"大一统"

一说。从秦开始，为了更好地交流与沟通，东北地区逐步形成了具有地域特征的文化，因此可以说，多元文化对东北各民族的语言有着深刻的影响。以下为此观点的例证。

（一）嘎仙洞石壁

嘎仙洞石壁上有 201 个由隶书刻写的《祝文》。在对嘎仙洞的地理区位条件进行分析时发现，这一区域位于今鄂伦春自治旗政府所在地阿里河镇西北 10 公里、大兴安岭北段顶巅东侧，嘎仙洞的历史文化形式比较丰富及多元。《祝文》竖写 19 行，共 201 个字。它与"好太王碑"合称"南碑北石"。在人类文明进化的过程中，嘎仙洞成了重要的历史文化载体，早在入驻中原之前，我国就已经出现了少数民族的统治政权，其中，北魏拓拔仙人则成了统治者，由此可以看出，文化之间的交流以及融合的影响非常深远和直接。不难发现，北魏时已经出现了文化上的融合，这对东北方言的逐步形成有着巨大的贡献。

（二）高句丽好太王碑

好太王碑是东晋时期为高句丽第 19 代王广开土境平安好太王高谈德建立的功德碑，亦称为"广开土王碑"，碑址位于吉林省集安县太王乡。碑由一整块巨型角砾凝灰岩制成，为不规则的方形柱体，四面宽窄不一。碑通高 6.39 米，四面环刻，第一面（东南侧）为 1.48 米，第二面（西南侧）为 1.35 米，第三面（西北侧）为 2 米，第四面（东北侧）为 1.46 米。字大如碗，字形大小规格不等，最大的字约 0.12 米，最小的字约 0.9 米，普遍在 0.1 至 0.11 米。碑共有 1775 字，其中有剥落及残损不可误读的 140 多字。

好太王碑建于公元 414 年（晋安帝义熙九年、高句丽长寿王二年），它与上文提及的鲜卑石室所刻祭祖文，合称中国东北地方古文献中的"南碑北石"。清朝初年，为了保护皇族繁兴之地，修筑柳条边，宣布将长白山区封禁，高句丽故都便淹没在荒烟蔓草之中，重新被发现是在 1877 年（光绪三年），在怀仁建县，书启关月山在通沟的深山中发现了好太王碑。在被发现的一百多年里，很多学者对其进行了深入考证与研究，主要集中在历史、碑文考释、捶拓与拓本等方面，关于其书法的研究也有讨论。公元 414 年处于东晋时期，高句丽国家正处在鼎盛发展时期，此时期是汉字大变革的时代，书体向两个方向发展：一是隶书向楷书过渡发展；二是佛经碑碣仍守旧法，保留秦汉以来碑刻形式，平肩齐首，采用古朴宽博的隶书字体，也有篆书。

碑碣所展现的丰富而又璀璨的高句丽文化，无论是从书法上还是碑文所记载的历史事件上，抑或从碑文的文体上来看，其文字尽用汉隶及魏草，且记叙方式和语言方式均用汉语语序，碑文涉及高句丽建国的传说、好太王的功绩。可以看出，在高句丽时，汉语就已经对东北方言产生了影响。

（三）大金得胜陀颂碑

金代石碑大金得胜陀颂碑，女真语称为"忽土皑葛蛮"，《满洲源流考》作"额特赫格门"，女真语的"额特赫"是已经取得胜利的意思，"格门"是都会的意思。相传，女真族完颜部首领（后来的金太祖）完颜阿骨打于此地立马集众，誓师起兵，以后多次打败辽国，于辽天庆五年称帝，建国号金，曾命人创制女真文字。金国建立后不久，金太祖完颜阿骨打去世。70年后，其孙金世宗完颜雍忽发思乡怀祖之情，1184年由京都中都（今北京）返回故土上京（今吉林省松原）。为缅怀祖先创业之劳，第二年4月金世宗下召建立大金得胜陀颂碑，碑文由赵可撰搞，孙俣书写，党怀英撰额，大定25年（公元1185年）7月28日立石，整个建碑过程十分迅速，历时仅3个月。

大金得胜陀颂碑为青凝灰岩雕成，由碑额、碑身及龟趺组成，全高3.2米。碑首两面各雕二龙，龙首垂直朝下，张口瞪目，十分凶猛，碑额上有熠熠火焰宝珠，形象逼真。石碑双面刻字，正面刻汉文，背面刻女真文，两种文字所刻的内容大致相同，记述了金太祖完颜阿骨打如何起兵、如何会战辽兵、如何建立金国等事迹，并对金太祖歌功颂德。碑文一方面为后人留下了历史事件的记录，同时汉文与女真文的相互参照也为后人留下了解读女真文的"辞书"。历史上各个时期有关金碑的实况记录以及资料的保存为今天各国研究中国东北史和研究中国少数民族语言文字史的学者提供了珍贵的参考信息。

金碑在形式上和我国中原地区自古以来的墓碑极其相似，由龟兽背驮石碑，碑额有装饰性雕刻。值得注意的是，金碑的龟趺，造型似龙非龙、似龟非龟，根据王胞生的论文《古碑饰兽漫谈》中所述，其龟趺是"龙王九子"中的长子赑屃。这说明了建立此碑的金国和我国古代王朝的文化是一脉相承的。金碑的龟趺高0.72米，长1.6米，引颈昂首，四足撑地，表现得十分雄健。

大金得胜陀颂碑在正面篆刻的文字是"大金得胜陀颂"6个篆体字：二行右字左起、竖书、楷体，是金代大金派书法家、国史研究院首任编修兼长官党怀英的行楷笔触。篆刻的碑阳则主要以笔墨正楷小篆汉字隶书为篆刻主体进行篆刻，碑上文字共有 815 个篆体字，奉政大夫赵可为笔墨正楷撰稿，儒林郎孙俣书丹写。篆刻的碑阴的主要内容则是以各种女真文字石刻作为其与碑额及碑刻相关的文字铭文主体进行文字篆刻的，学者明确提出，这是世界上现存的女真文字的碑刻，代表着女真文字以及女真文化。我们能够通过对文化之间的分析以及对比来了解碑刻的重要历史文化形态，为文字碑刻的历史研究指明道路。在这些碑文中也明确说明了，金代帝国王朝为了能保有本地区少数民族的文化传统和本族民俗上的个性的同时，大力推行了汉字的文化发展。由于石碑的碑阴用女真文记录，碑阳用汉语记录，足以说明其尊重汉文化，可见，东北方言文化深受汉语影响。

（四）贞孝公主墓碑

贞孝公主墓碑的正面底部雕刻有墓志文，阴刻，楷书，有序地将贞孝公主的一生镌刻在她的墓志中。另外该铭文也直接表达了对公主的哀悼之情。碑文内有许多儒家经典文学语句，出自《尚书》《春秋》《左传》《诗经》等。在贞孝公主墓内的壁画中可见，渤海国人装束与当时的唐朝人装束基本一致。学者在对渤海地区的文化形式进行分析和研究时发现，儒家文学经典的出现频率相对比较高。在著名的唐代诗人元稹的墓志铭之中也有非常重要的文化形式体现，主要以古代诗句的简单创作和进一步优化升级为主。因此，通过对墓志铭的分析以及研究，可以了解中原文化的发展历程，分析其中的文化元素以及历史精神。

由此可见，在唐代时，中原文化就已经成功地吸引了中国东北地区的许多有识之士的注意，且当时汉语言文化在中国东北地区也十分盛行。

综上，我们可以从历史事件的角度来例证一下所说的一个观点：发展汉族文化将可能给中国东北地区的方言文化产生深刻的社会影响。将文字刻在石碑上，可以记功，可以颂德，还可以证史。而这些有民族特点的石碑均有汉字的记载，这就足以证明，在东北地区的一些少数民族中已经和汉文化有所融和，其语言文化已经受到汉文化的影响。因此，不难发现，当时的少数民族受汉文化影响很深，他们积极地接纳汉文化，以汉文化为荣，并且与之融合，最终形成现在所呈现给我们的东北文化中的东北方言，因在汉文化被推广和使用的过程中可以看出各民族的积极响应，故可以证实汉文化对东北方言产生了深刻的影响。当然，汉文化对东北方言产生的影响绝不仅仅是简单的词汇发生了改变，而是对东北各民族的文化中语言的表述方式，如语言的结构、构成及逻辑关系产生了深刻的影响。

第三节 闯关东文化对东北方言的影响

一、关东文化概述

（一）关东文化

历史上，东北地区曾被视为文化的"沙漠"。20世纪60年代，人们仍然认为东北地区的文化或由中原传入，或受到西伯利亚的影响。进入20世纪70年代，东北考古大规模展开，数不清的地下文物破土而出，展示出远古东北绮丽多彩的文化风貌。然而，一系列的考古发现并没有从根本上改变人们对东北地区古代文化的认识，研究者以这些文物与中原相对照，凡属相近似或相同的，都认定是受中原文化的"影响"，或者是从中原直接"传入"的。近年来，国内研究文化的热潮迭兴，对东北历史与文化的研究，也掀起了热潮，大量论著层出不穷。

从明清以来，东北地区人口演变有一定的趋势，汉族为其主体，包括满族、蒙古族、朝鲜族、鄂伦春族、赫哲族等少数民族，为复合群体。这一群体的形成从明代开始酝酿，至清代中后期开始形成，到清末以来，随着历史的演变，其中相当一部分已融入关东的种群中。关东文化的发展可做如下概括：从远古直至明代以前，东北地区历史的发展、民族间的斗争与迁徙，是关东文化深厚的历史渊源；从明王朝建立于山海关到满族的兴起与入关，是关东文化的酝酿时期；从清廷在东北实行招民垦荒到封禁政策的实施，伴随着关内河北、山东两省大批移民冲破封禁政策进入东北，迫使清朝统治者不得不解除封禁政策，是关东文化形成并定型的时期。从20世纪初至东北解放为止，是关东文化的多元碰撞、曲折发展时期。

在关东文化发展过程中，1935年赤峰东郊红山后遗址发掘出土的文物被定名为红山文化文物。红山文化是我国北方新石器时代晚期形成的一个原始文化系统，更清晰地说明了汉民族在东北地区生活和开创文明的历史。红山，坐落在内蒙古赤峰市（曾隶属于辽宁）东北不远处的老哈河支流英金河畔，是一座高出河面约200米的红色花岗岩丘陵。红山文化的文化内涵，正如学术界所总结的"三石"与"三陶"。"三石"就是打制石器、细石器、磨制石器；"三陶"是之字纹陶、彩陶、泥质红陶。从文物来看，当时人们的生活方式以农耕为主，聚落定居。红山文化具有完备性、系统性，全面反映并代表了新石器文化的内涵。其后，在邻近地区发现有与赤峰红山遗址相似或相同的文化特征的诸遗址，被统称为红山文化。有学者指出：早在旧石器时代早期阶段，东北的原始文化就已不是单一的，而是各具特色的，从而与华北旧石器时代存在着的打制石器文化传统相对应。简言之，东北旧石器文化与华北旧石器文化的关系，是平行发展的两个原始文化系统，它们相互解映，透露出中华民族的黎明曙光。红山文化遗址发现，女神庙、女神塑像、祭坛、积石冢群等有机地构成了国家与社会组织的雏形。20 世纪 80 年代遗址被发掘时，考古学界一致认定：红山文化已迈入中华文明的门槛。

那么，何谓关东文化？我们可以从不同角度来观察，来得到它独特的内涵。从生产方式与经济生活方面来看，可以把关东文化分为以下 4 种类型。一是农耕文化，主要集中在东北地区的南部，也就是现今辽宁省。这里历来是农耕地区，与中原地区同属华夏文化圈，是后来的汉民族稳定的聚居区。二是东北西部与内蒙古相接的草原地带，这里的文化是典型的草原文化或称游牧文化。它是蒙古族及其族人世代相继创造的一种特殊文化。三是东北东部丘陵及山林地带，这里是窝集人即"林中人"生活的家园。沿松花江流域至下游与黑龙江汇流及乌苏里江流域，同属渔猎生活方式，故其文化称为渔猎文化。四是亦农亦牧，或是亦农亦猎地区，主要分布在今辽宁、吉林偏东的半平原半山地地区，这里是混合型的文化。按民族划分，每个民族都有自己独特的文化。东北历来是多民族聚居区，文化种类较多，比较著名的民族文化有肃慎文化、勿吉文化、扶余文化、高句丽文化、鲜卑文化、契丹文化、女真文化、蒙古文化、满洲文化、汉文化等。从一个政权或王朝来划分文化，实际就是按不同时代划分不同文化，同样体现出关东文化的丰富多彩。例如，远古时代的红山文化，汉代辽东文化、渤海文化，辽代东北文化，金代东北文化，元代东北文化，明代东北文化，清代东北文化等。

关东文化从其发轫就是多元的，各有独创，各具特色。无论是哪种文化，就关东文化而言，都是一个整体文化，是不同民族之间文化的相互融合，你中有我，我中有你，是多元一体的多民族文化，是多元多样的大一统文化。长期积累起来的关东地区各民族的文化精髓，铸成了关东文化的灵魂，凝聚着奋发向上、自强不息的民族精神。

（二）关东移民文化

文化是一个非常广泛的概念，各界对于文化的定义有着多种观点。文化的分类有很多种，可以从不同的角度对文化进行划分。文化是人类在生产生活的过程中，经过长期的创造而形成的精神产物与物质产物的总和。在人类历史的发展进程中，文化随着人类社会历史的发展而不断发展，并在发展过程中不断地发生着变化。关东文化既是指在关东这一地区范围内所发生发展的文化，于此概念类同的如中原文化、齐鲁文化、晋文化等，是中华文化之中的一个组成部分。如今的关东文化是以汉文化为主体的，经历了多元文化的碰撞，涵盖此地区各少数民族的文化。关东文化以汉文化为主体的模式是由明清时期作为铺垫，自近代民国以来逐渐开始形成的。由于大批汉族移民涌入关东，在关东发生了民族文化的融合，同时也是群体地域性文化的融合。顾名思义，民族文化是以民族进行分类的，是各民族因为信仰、风俗习惯、发展历史以及各方面诸多因素的不同而产生的具有本民族特点的文化。

关东移民文化的形成，从民族文化的角度上看，是汉族文化与东北地区各少数民族文化之间的融合。而群体地域性文化是根据地域进行划分的，特指某一个具体的地区之内的文化。地域文化主要是由于各地区之间自然地理环境的不同而形成的。自然地理环境的不同，造成了各地区生活生产方式上的不同，造成了风俗习惯、宗教信仰乃至衣食住行等各个方面的不同，由此形成了不同的地域文化。关东移民文化的形成，从地域性文化的角度上看，是中原文化与东北土著文化的融合。关东移民文化的形成是自觉能动的，是在潜移默化的过程中逐渐形成的，有其特定的历史背景。

关东移民文化的形成受多种因素的影响。首先，近代的关东地区呈现各民族大杂居的格局，如汉族、满族、蒙古族、朝鲜族、回族、达斡尔族、鄂温克族、鄂伦春族、赫哲族等。在这种各民族相互交错而居的大环境中，通过日常生活中的耳濡目染，使得各民族之间的文化形成了一定程度的互通，为各民族之间文化的相互融合奠定了基础。其次，东北地区的不同民族之间曾有过争战，并有多个民族曾建立政权，这便是一个文化相互移入和渗透的过程。他们或入主中原，或通过争战引起大量人口的流动，期间吸收和引进了大量中原汉族人民的先进文化，造就了关东移民文化形成的基础。文化的核心是人。人作为文化的承载者，同时也是文化的传播者，人的流动，实质上就是文化的流动，一个人的一言一行、一举一动，都反映着他所承载的文化。所以说，移民运动在本质上就是一次文化的迁移。中原汉文化历史悠久，具有鲜明的特色，在历史的长河中一直保持着它的先进性，是中华文化的主体。中原汉文化不断地对周边文化进行扩散，对周边文化具有一定的影响。由于清朝入关，一方面带动了大量的人口流入关内，另一方面，一路上的杀戮使得人口大量的逃散或消亡，因此，清朝时期的东北地区是一片荒芜，少见人烟，而中原地区则人口稠密。后来关内向关外的大幅移民，致使民国初年，东北地区呈现以汉族人口占绝大多数的格局。这就导致了关东移民文化是以中原汉文化为主体的。当不同文化发生碰撞时，期间所产生的文化交流一定是相互的。虽然中原汉文化较之东北土著文化具有一定的先进性和优越性，但是，东北土著文化也有其自身的文化优势，有其存在的合理性。在文化融合中，关东文化形成了新的特点。

（三）闯关东形成的原因

1. 清政府对移民的态度

清朝时，政府对移民的态度是"闯关东"移民的外部条件。"关东"指山海关以东辽宁、吉林、东北三省区域，"闯"是指在清政府的禁止之下进行的活动。1644 年，清兵入关后，将关东划为禁区，严禁关内人涉足，加上不断抽调八旗兵丁入关打仗，使得广裹的东北地区人口极其稀少。顺治八年，清政府发布了召垦令，"民人愿出关垦地者，令山海关造册报部，分地居住"。两年后，清政府又颁布《辽东招民开垦条例》，鼓励人民出关开垦。直到康熙七年，出于保护满族利益、保持其"国语骑射"根本习俗的考虑，清政府宣布关闭山海关的大门，关外之地封为禁区。以后禁令时紧时松，遇有灾害年景，黄河流域诸省百姓往往蜂拥过关，人数之多，难以阻挡。例如，乾隆八年大旱灾，流民增多，乾隆帝下诏开禁让流民通过。乾隆九年、五十七年也分别有变通放民出关的事例。除了大规模的集中移民外，平时单身佣工或偷渡性移民也已累积成庞大的数量。由于这些移民都是在封禁条件下进行的，所以称之为"闯关东"。实际上清政府对移民采取的是默许和容忍的态度，在每隔一段时间强调或重申禁令的同时，对以往的移民事实总是采取既往不咎的处理方法。1860 年，咸丰帝正式宣布关东地区全面向流民开放，以山东人为主的流民大量出关，闯关东从此由"涓涓细流"演变为"滚滚洪流"。

2. 山东地区农业危机

移民，一方面是来自原住地的推力，另一方面是来自移入地的吸力，是两种力共同作用的结果。闯关东也不例外，其内在动力主要来自山东地区的农业危机。

首先，人口增长与土地供应不足之间的矛盾。明末清初，战乱使得社会经济破败凋敝，人口损伤惨重，清政府采取一系列措施恢复和发展社会经济，增长社会人口。人口增长意味着耕地面积的不断扩大，至康熙二十四年时，山东地区的宜垦地已基本垦殖完毕，但人口仍无节制的增长，现有耕地的开发已无法满足人口的需要。尽管如此，山东地区的人口仍持续高涨，从顺治十八年的 879.8 万人增至光绪十七年的 3709.6 万人。在人口的高压下，山东地区的土地不负重荷，人多地少，危机四伏。随着商品经济的发展，土地日趋集中，土地兼并日益严重。乾隆时，有丁、岳、郭、王四大姓，土地几乎占半县。加之军阀混战，百姓赋税兵差愈是繁重。沉重的赋税兵差逼迫贫困的百姓另谋出路。伴随着山东地区农业危机的不断加重，"闯关东"便成为丧失了生存来源的广大贫民谋生的一条出路。

其次，自然灾害频繁发生。据李向军统计，从顺治元年到道光十九年，山东地区共发生各种自然灾害4204次，年均22次。清朝在268年中，曾出现旱灾233次，涝灾245次，黄运洪灾127次，潮灾45次。清朝后期，波及大部分省市的大蝗灾历时七年，并与大旱相伴随。光绪初年发生于山西、河南、山东、河北等地的大旱灾，称为"丁戊奇荒"，许多州县有"草木皆枯""人多饿死"等触目惊心的记载。据统计，莱州府、胶州、直隶州自顺治元年至鸦片战争近200年间，水、旱、蝗、雹、地震等自然灾害见于记载者50余次。咸丰五年，黄河在河南境内断堤改道，对其下游地区造成了巨大灾难，尤以山东受灾最重。新河道常年泛滥，加剧了洪涝灾害和土壤盐碱化，大批农民因此破产逃荒。自然灾害的直接后果，便导致了农业经济的废弛和人口的大逃亡。在天灾人祸的冲击下，对于人多地少、土地兼并严重的山东人民来说更是雪上加霜，大批农民流离失所，蜂拥"闯关"。

最后，社会意识和习俗也起了不可低估的作用。在山东等地，"闯关东"由来已久，民间也早有此俗语，先期移民向家里寄钱、带财物，甚至有的因此而发财致富、成家立业，这些也刺激了更多的民众要到关外谋生赚钱。胶东有些村庄几乎村村、家家都有"闯关东"的，甚至村里青年人不去关东闯一闯就被视为没出息，逐渐形成了"闯关东"的习俗。山东胶东和河北冀东等地劳动力稍一充裕或遇天灾人祸的时候，首先想到的是携家带子、集结亲友到关东去谋生。

3. 东北地区条件优越

东北地区优越的地理环境是闯关东的外在因素。清初，东北地区人少地多、物产丰富，与山东交通便利等优势使闯关东成为可能。

清朝以前，东北地区人烟稀少，大部分土地处于荒野未开、崇山未辟的状态。清军入关在北京建立了清王朝，关外的满族人大多随军入关，据估计，明末清初满族人口约100万，迁入关内的达90万之多，编入汉军旗的汉人和大批奴婢也随之入关。面积占全国1/5的东北地区人口只占全国的0.1%左右，平均每平方公里还不到两个人。即便在原来人口较多的辽东地区此时也是沃野千里，有土无人，唯几处废堡、败瓦、颓垣点缀于茫茫原野之中。

东北地区资源丰富。东北大平原地域广袤，土地肥沃，有着广阔的山林草场，物产丰富，地下矿藏丰富，可开发的耕地潜力巨大。东北北部有松花江、嫩江两大河流，南部有辽河，在地理上形成了松辽平原，其地力实不亚于江、浙两省丰饶的土地，且长期开发不足，其中蕴涵着丰富的矿物质养料。东北地区的黑土地产量高，获取食物容易，在北大荒有"棒打樟鹿瓢舀鱼，野鸡飞入饭锅里"之佳话。人参、貂皮、珍珠，这些历来都是东北官员向清朝进贡的主要贡品，人参、貂皮、乌拉草素享"东北三宝"之盛誉，对灾民来说这无疑具有巨大的吸引力。山东到东北交通便利。山东地区和东北毗邻，距东北仅一海之隔，与辽东半岛眺渤海相望。由烟台到大连90海里的距离，只是一舟之便。在明朝，辽宁大部分地区和吉林一部分地区一度属山东布政司管辖，两地来往方便且密切。人们可以不必翻山越岭、经过没有人烟的中间地带，直接从海上泛舟或乘车到达东北。清朝后期，清政府为了吸引外来人口移居东北，还实行了奖励垦荒等一系列轻徭薄赋的优惠政策。

（四）关内移民与东北文化的发展

1. 关内移民与东北地域文化性格

东北古典文化是以典型的山泽渔猎、草原游牧为主体的文化类型。清末民初，大量关内移民的涌入从根本上改变了这里的文化结构，通过多种地域文化的传递、交汇造就了"五方杂处""聚村而居"的地域文化格局。近代关内移民大量涌入东北并在这里定居，使这里成为一个典型的移民社会。富有特色的东北文化在与移民文化交融过程中，逐渐形成了一个以汉民族传统文化为主体，同时融进了东北土著民族原有的文化为内涵的新型的东北文化。东北人性格耿直、豪放，成为关内移民社会中生成的新型东北人身上的一种重要性格。关内人一般注重人与人之间相处的关系，注重自身的道德修养，为人处事多细腻、含蓄，但在闯关东艰难的岁月里，他们要在茫茫荒原、崇山峻岭、大江大河中，克服常人难以想象的艰辛，通过自己的双手获取生活必需品。在大自然面前，他们希望生存下来，加上离开中原，少了关内复杂的礼仪制约，思维方式逐渐自由、单一。来到东北与当地人融合过程中，原关内人在思维方式、情感、行为等方面逐渐养成了直截了当、简明扼要、做事说话干净利落、讲究实际等性格与生活习惯。这些闯关东人身上有一种拼搏、奋斗的精神，有一种不畏艰难、勇于探险的优良品格。东北地区的开发，主要以关内移民为主体。他们远离家乡，披荆斩棘、跋山涉水地来到了东北边疆，有的从事农业、采集业，有的从事修路、建筑或其他事业，经过多年埋头苦干，为东北边疆地区的开发，为民族的团结与融合做出了巨大贡献。这些源于他们身上那种生存的渴望、开拓的精神。有学者认为，"古代东北的开发，我们的先人们无止息，但全方位的开发精神的勃兴是近代的事情。这种开发精神的积淀与勃兴是特定社会条件的产物。反过来，它作为一种精神力量，也有力地推动了各项事业的开发"。

东北人身上有种"虎气"和义气的性格。在遇到大自然的挑战和外来侵略面前，东北人有一种天不怕地不怕、不达目的不罢休的勇敢精神。这些性格特点与远道而来的山东移民身上固有的行侠仗义、英雄气概一拍即合。重情义、乐于助人是今日东北人性格中的重要成分，也是近代广大关内移民在与东北土著居民在长期的生活环境中磨砺出来的一种优秀品格。在闯关东的日子里，大多数人是为了生计而来的，在茫茫的林海、漫漫的山野、极其险恶的环境中生存，人们更需要温暖和关怀。东北原住居民接纳了闯关东而来的关内移民，不仅给予他们以同情，并给予他们多方面的帮助。关内移民在为生存而斗争的过程中与东北原住居民互助互救，战天斗地，在漫漫的艰辛岁月中，产生了诚挚的情谊。今日东北人依然有着好客、直爽、义气、厚道、乐于助人的性格。

2. 先进农耕文化的传播与影响

东北地区在历史上是一个以少数民族居住为主的区域，开发比较晚。清初到民国时期，大量关内移民以各种形式进入东北，带来了先进的生产技术和工具等中原农耕文化，促进了当地的发展。清初，东北地区除辽河流域农业生产较为发达外，其他很多地方较为落后，生产比较简单、原始。顺治时期，宁古塔地区用"火田法"烧荒播种，据有关资料记载，"地贵开荒，一岁锄之，犹荒也，再岁则熟，三四五岁则腴，六七岁则弃之而别锄矣"。另据记载，"蒙古耕种，岁易其地，待雨而播，不雨终不破土……逮秋复来，草莠杂获，计一亩所得，不及汉田之半"。东北地区少数民族靠天的耕作方式在后来汉族移民大规模到来后得以改变。清朝中期，在关内移民的影响下大部分地区普遍采用了中原地区的休闲轮作法，"汉人耕作有分休闲、轮作二法。若沙碱地则用休闲法，每年耕作一分，休闲一分；至轮作法最为普遍，即高粱、谷子、黄豆之类，每三年轮作一次，又名翻茬"。先进农耕技术的传播使农作物的产量得到了提高，到嘉庆末年时，在双城堡及阿勒楚喀等地农作物的产量已经由过去的一垧只收一至二石，提高到四至五石，多者七至八石。清末，呼兰一带的小麦亩产可折合现在的 150 斤，大豆亩产 180 斤，苞米亩产 200 余斤。

关内移民传入的先进农耕文化对当地农业的发展有很大影响。咸丰末年时，整个东北地区农业生产状况"壮健单夫治二三晌地，供八口家食，绰有余裕，以故内省游民嚣然赴之"。同时，关内移民带来了锄头、镰刀、铁犁等生产工具。在关内移民的影响下，当地居民学会了使用这些先进的农用工具，不仅提高了效率，而且增加了农业产量。东北地区气候寒冷，人烟稀少，开发较晚。除耐寒的作物外，其他农作物种类不多。清初宁古塔地区"有粟，有稗子，有大麦。稗则贵者食之，贱则（食）粟耳。近亦有小麦，卒不多熟，面（荞）麦亦堪与小麦乱也。丝瓜、扁豆较难熟，熟亦不能得子"。关内移民大量的涌入，带来了很多中原农作物，如小麦、大麦、粟、高粱等，蔬菜的品种也有所增多，"流人辟圃种菜，所产惟芹、芥、菘、韭、菠菜、生菜、芫荽、茄、萝卜、王瓜、倭瓜、葱、蒜、秦椒"。据记载，宁古塔"土人不知养蜜蜂。有采樵者采松子，于枯树中得蜂蜜，其蜜无数，汉人教以煎熬之法，始有蜜"。东北地区作物品种"谷属计28种，蔬属42种，草属39种，瓜属10种，果属34种"。东北地区呼兰、巴彦、汤原也相继出现稻。关内移民进入东北地区，实际上也是关内先进的农耕文化向外传播的过程，使当地的落后状态得到了极大改变。关内移民将中原地区的先进农耕文化传入了东北地区，使当地居民在生产和居住形态上发生了历史性的变化，由过去的渔猎采集经济转为半农、半定居或以农业定居的社会经济形态。这些变化极大地推动了东北土地的开发和农业的发展，也有力地推动了东北地区的社会发展进程。

二、闯关东文化对东北各民族语言的影响

东北地区人口生存主要依靠一定的自然环境，包括特定的气候和地理条件，以及特殊的民族和地域条件等。在东北地区独特的地理和气候条件等多种因素的影响下，逐渐形成了东北地区人口的流动性、交错性，以及融合的特征。而人是文化的载体，人口流动带来了文化的交流与繁荣，也带动了人类文明的前进。在历史的发展中，闯关东文化就对东北方言带来了一些影响。

在长期发展的过程中，东北地区的移民文化历史比较凸显。从两汉三国时期的魏晋开始，北方地区每一次突然遭受外族战乱，就会出现大量的移民，通过这种形式来更好的避难。另外，在秦汉之后，政府十分注重对东北地区的经营以及管理，积极引导民众进行移民，通过这种形式来加强对民众的管理，维持正常的社会秩序以及稳固政治，促进军事管理工作的有效协调，其中军队人数呈现不断上升的趋势，东北地区的人口流动率越来越高，这些为民族之间的交流和融合提供了一定的条件。清初的《辽东招民开垦条例》对人口的转移以及东北地区的发

展有非常关键的影响，清末的《沿边招垦章程》突破了传统管理模式的束缚，对东北地区的移民有重要的促进作用。在清代之后，社会经济发展速度越来越快，出现了许多的自然灾荒，一些河南、河北以及山东地区的农民开始主动移民，东北地区成了首选，民国时期来自山东、直隶（简称河北）等各个民族地方的大批国人纷纷开始了"闯关东"，形成了较为广泛的"闯关东"浪潮。民国20年间，东北地区移民呈现人口规模庞大、速度快、数量众多三大特征。"闯关东"这一浪潮深刻地改变了我国东北地区的居民群体构成，从客观上可以说是增进了东北地区和关内地区之间的联系。

　　无论是哪个时期，汉族人的迁居以及各少数民族的迁徙与融合都对东北方言产生了直接的影响。人口的迁徙促进了文化发展，同时语言体系也随之发生了巨大的变化。清末民初，河北、山东以及河南组成了移民的中坚力量，大部分的东北方言受到这一部分地区的影响，并最终形成了我们现在所说的东北方言。例如，"撒丫子"原为一种北京方言，意思是放开手臂和脚步奔跑的意思；"客"一词读成"qiě"，而这种说法应该是一种山东方言。人口的流动与迁徙带来的不仅仅是一种文化的发展和融合，与此同时，作为文化特殊范畴的语言（语言本身既属于一种文化，又属于一种文化的组成部分），随着人口的迁徙在极大地促进文化发展的同时，也会产生很大的改变。

　　汉代时，汉文化对东北地区少数民族的影响已在不少具有少数民族特点的文物上有所体现，恰好说明了在当时东北地区的少数民族吸纳了汉文化，并受其影响，从而逐渐形成了东北方言。东北地区的少数民族在与汉族交往融合时也对东北方言的词汇产生了影响。另外，受移民文化的影响，东北地区涌入大批移民，大批移民将自己原有的文化带入东北地区，在沟通交流过程中，逐渐融合并最终形成带有移民文化特征的东北方言。综合来看，东北方言的根基与血脉就是在一次次的人员流动和交往中缓慢且相互交融所形成的。

第四章　东北方言的语言文化特色

东北方言隶属于我国七大方言区之一的北方方言，在语音、词汇、语法方面与普通话有许多相似之处，但也有其自身的文化特点。东北方言作为汉语方言的一个分支，经过历史的沉淀、民族的融合、地理的阻隔、人民的迁徙、语言的接触，逐渐形成了形象生动、幽默风趣、直白夸张、感情色彩浓厚、亲和力强等语言艺术特色。本章分为东北方言的幽默特色、东北方言的生动特色、东北方言的艺术价值三部分。

第一节　东北方言的幽默特色

一、幽默

（一）幽默的定义

"幽默"一词来自拉丁语的"humour"，是"体液"的意思。不同的人的气质，取决于不同的体液。这种"气质体液说"统治了西方将近两千年，直至 16 世纪末，人的某种特殊的气质、倾向、爱好，尤其是怪诞的脾气，也可称为"humour"。1598 年和 1599 年，英国著名剧作家本·琼森创作了喜剧《人人高兴》（*Every Man in His Humour*），其中的"humour"具有了现代人文精神和情趣的含义。17 世纪英国剧作家威廉·康格里夫在试图确定幽默的含义时发出感慨："有多少人，就有多少意见。"也有人干脆说："试图为幽默下定义本身就是幽默的定义之一。"西班牙哲学家乔治·桑塔亚纳认为："我们所说的幽默，其本质是有趣的弱点应该和可爱的人性结合。不管人家有多么的荒唐，然而，我们所应该摒弃的这种滑稽状态，似乎反而使得他的性格更为可爱。幽默也是如此：痛苦的暗示使人感到痛苦，所以必须有一些可爱的因素重过它。"

中国古人并不缺乏幽默感，先秦诸子行云流水般的文字里随处可见嬉笑怒骂的恣肆纵横。最早关于幽默的评论见于《诗经·卫风·淇奥》："善戏谑兮，不为虐兮。"这句话被林语堂引用作为幽默的释义。公元前8世纪（西周末年），宫廷中出现了"俳优"，这些"优"即是中国最早出现的专门创作和演出滑稽戏的幽默家。《史记·滑稽列传》中记载了当时的"滑稽"人物，皆"谈言微中，亦可以解纷""善为笑言，然合于大道"。至南北朝时期，滑稽诗体已成型。

古代的"滑稽"既包含幽默的笑，也包含讽刺的笑，与西方传统的幽默理论研究中关于幽默的范畴是相同的。随着现代"幽默"一词被"幽默大师"林语堂引入汉语，"滑稽"一词的词义中便不再包含幽默的意味了，现代的幽默"犹如中文之'敷衍''热闹'等字亦不可得西文正当译语。最近者为'谑而不虐'，盖存忠厚之意。幽默之所以异于滑稽荒唐者：一在于同情于所谑之对象。人有弱点，可以谑浪，己有弱点，亦应解嘲，斯得幽默之真义"。

当代中国，学术界和文艺界有许多学者、作家对"幽默"下了定义。京味幽默艺术家老舍先生认为："据我看，它首要的是一种心态，是由事事中看出可笑之点而技巧地写出来。他自己看出人间的欠缺，也愿使别人看到。不但仅是看到，他还承认人类的欠缺；于是人人有可笑之处，他自己也非例外，再往大处一想，人寿百年，而企图无限，根本矛盾可笑。于是笑里带着同情，而幽默乃通于深奥……和颜悦色，心宽气朗，才是幽默。"华东师范大学教授胡范铸认为，幽默是一种精神现象。这一精神现象有广义、常义、狭义三个层次。幽默以笑的外表和智慧的内涵潜伏在人类世界里，它无处不在，随时随地准备出现。我们可以从生活中的一举一动一言一行中体会到幽默带给我们的快乐与轻松。有幽默感的人的身边总是不缺少笑声，他的人生就是一出永不谢幕的喜剧。

（二）幽默的类型

1. 机智型幽默

最理想而又纯正的幽默是那些智者哲人莫逆于心的"会心的微笑"，是一种灵魂的顿悟感，是他们的智慧撞击出来的火花，是心与心的共鸣，是他们以睿智的眼光看待世事，以高度的机敏和智慧对事物从哲理的层面进行透视和思考，发现矛盾，以"含笑谈真理"（贺拉斯语）的方式纵情幽默，无拘无碍地不着痕迹地在艺术和幽默的王国中信步漫游，"对于世事，如入异国观光，事事有趣"。他们将趣味用机智的形式传达出来，就形成了机智型幽默。机智型幽默有以下几种不同的表现方式。

（1）"巧乱同异式"机智型幽默

司马贞在《史记·索隐》中曾把"滑稽"解释为"能乱同异"。"俳谐""滑稽"乃出于一种对审美创造中的多智的欣赏，而这种多智又主要表现为能对客观事物化异乱同。因为外部世界的障碍愈多愈重，人的生命活动受到的限制压抑便愈甚，多智使审美主体获得战胜阻碍的惊喜。而障碍的泯除，又无疑给审美主体带来宣泄积郁的欢愉。单纯的机智只能说出妙言隽语，读了也许使人心跳但并不一定使人发笑。例如，"标语是弱者的广告""圣人不死，大盗不止""道可道，非常道。名可名，非常名"等。但是，如若用机智使客观事物化异乱同，则能形成机智型幽默。例如，"但闻道可盗，须知姑不孤"，以盗、姑、孤字混于道、觚字，又以道可盗、姑不孤句混于道可道、觚不觚句，就产生了幽默的趣味。可见，通过机智的巧妙联想，把客观事物之间的二分之一或四分之一相似转变为全部相等，化异乱同或偷换概念就能形成机智型幽默。例如，一位少妇对她的丈夫说："亲爱的，住在咱们对面的那个男的，总是早上出门时吻他的妻子，晚上回家后进门就吻她。难道你就不会这样做吗？"丈夫回答道："当然可以，不过，我跟她还不太熟。"这位丈夫巧妙地把自己的妻子换成了对门的少妇。又如，一位妻子瞪着她的丈夫道："我一看你就来气！"丈夫慢腾腾地说："好啊，我练了一年的气功还没有气感，原来是你把我的气都看到你身上去了。"这位丈夫巧妙地将"生气"的"气"混同于"气功"的"气"，打消了妻子的"气"。再如，编辑说："您的稿子我们已经看过了，总的印象是艺术上还不够成熟，显得幼稚些。"作者说："那你们就当儿童文学发表吧！"这里把作品的幼稚不成熟混同于儿童的天真幼稚，从而产生诙谐风趣的效果。

著名作家钱钟书先生在写作中经常用此方法达到幽默风趣的效果。例如，"晚清直刮到现在的出洋热那股狂风并非一下子就猛得飞沙走石，开洋荤当初还是倒胃口的事"。把抽象的"社会风气"的"风"坐实为自然现象的"风雨"的"风"，这样才能说刮得飞沙走石，形象风趣，产生幽默的效果。

（2）"巧语释义式"机智型幽默

运用机智对事物进行巧妙的解释，或是违反正常的思维规律造成读者"心理期待的扑空"；或是说出人们意想不到的大实话；或是把看起来毫不相干的事物联系在一起，揭示它们之间的联系或所含的道理等，造成谐趣。

例如，一位顾客去饭馆吃饭，米饭中沙子很多，顾客把它们吐出来一一放在桌子上。服务员小姐见此情景很是不安，抱歉地说："净是沙子吧？"顾客摇摇头微笑地说："不，也有米饭。"顾客巧妙的回答，一反常人的思维习惯，产生了讽刺和幽默的效果。人们期待的是顾客抱怨米饭中的沙子多，没有料到他会说："也有米饭。"在这里，顾客巧妙地讽刺了该饭馆坑害顾客的行为。

中国著名历史学家周谷城解释"预期之逆应"时举例说："某人问萧伯纳，革命青年秘密开会时，忽被警察发觉了，如何应付？萧答赶快跑。大家预料萧翁以巧妙复杂的策略示人，萧则以简单得可怜的'赶快跑'三字答之，这是预期的逆应。"

2. 滑稽型幽默

学者们对幽默与滑稽的区别众说纷纭，例如，有学者认为，滑稽即"缺乏意味深长的语义错位"，同样是在语义的前后存在不一致现象，但是幽默的"不一致"有许多层面。最表面的是所述（或所画）与常理的不一致；层次稍稍深一些，就是语义的不一致，或叫错位。例如，假如火柴在你的衣袋里燃起来了，那你应该高兴，而且感谢上苍：多亏你的衣袋不是火药库。

说精确些，虽然幽默和滑稽都能引发认知性的笑，但认知性有高低之分，体现在从感情到幽默或滑稽行为所涉及的社会人际意义含量的高低。日本人把幽默称作"有情滑稽"，强调幽默具备的真诚的感情底蕴，如果仅仅是为了笑而笑，那就流于滑稽了。

以上对"幽默"与"滑稽"的区分还是以直观的语义的"深"与"浅"为标准的，当我们在动态的语境下理解笑的内涵时，也许仍然很难凭借这一标准来判断"粗俗的笑"与"高雅的笑"。

在东北这块黑土地上，无论发生了多少残酷的战争，气候是多么寒冷，东北人民仍然坚强、乐观、充满热情地走过了几千年的岁月，实现了多民族融合，并形成了自己独具特色的语言风格。地域上的殊远使得东北较少受到中华的主流文化的影响，形成了有别于儒家思想的东北文化。东北文化是东北人的精神支柱，东北历史上的每一个少数民族的性格与文明都刻画在其中，既有忠贞刚烈之士的反抗精神，也有升斗小民在严峻的生存条件下笑口常开的心态。这种乐天的心态让东北人在苦难中发现快乐、制造快乐，最后在欢笑中忘却身边的悲苦，激励着东北人前行，这就是东北人的幽默精神。东北人仿佛天生就是为了喜剧而生，是"笑"的天使，东北方言是构成东北民间笑谑艺术的重要媒介、是天堂掌管"笑声"的天神赐给"笑"天使们最神奇的魔力。

3. 讽刺型幽默

幽默与讽刺经常相互交融，有时幽默中包含着讽刺，有时讽刺中包含着幽默，二者的关系是你中有我，我中有你。幽默同讽刺一样都具有批评的特点，因此有人认为幽默具有批评和自我批评的功能。

幽默同讽刺一样带有进攻性，但是太强的进攻性很容易使幽默由软变硬，硬到一定程度，幽默就变成讽刺了。有学者认为，幽默应在进攻性与戏谑性、硬与软之间达到某种最佳平衡。当然绝对的平衡是不可能的。幽默本性是软的，因而戏谑性的倾向总是占有优势，用哲学的语言来说，调笑是矛盾的主要方面。这就意味着较强的进攻性必须与相应的调笑性相结合，若无足够的调笑性则进攻性将转化为讽刺。正因为讽刺与幽默有一个相融合的地带，讽刺型幽默就有可能产生。

我国当代幽默理论家陈孝英先生在说幽默的社会功能时把幽默分为否定性幽默、肯定性幽默和纯幽默三种类型，并认为否定性幽默是通过否定丑来表达艺术家的美学理想的，因此它在某些情况下便有可能永远用于否定丑的另一种喜剧样式——"讽刺"合流，构成"讽刺性幽默"的过渡品种。

在这里，讽刺作为一种艺术手法经常出现在喜剧情境中，成为一种常用的建构喜剧情境的因素，就如老舍所说的那样："一篇幽默的文字也许要利用各种方法，很难纯粹。"在笔者看来，这里的各种方法就有可能是机智、讽刺等手段。这种"讽刺性幽默"就是笔者所说的"讽刺型幽默"，它同样是幽默的一种类型，与肯定性幽默、纯幽默或上面分析的机智型幽默只存在种类之分而没有高低之别。

4. 自嘲型幽默

一些人把"自嘲"看成幽默的至高境界，把"自嘲"和"批评与自我批评"相联系。也有人承认幽默感不仅帮助他揭掉世人身上那种"虚假的伟大"和"高傲的追求"的外衣，而且促使他用自我批评的精神检查自己的行为，以防他自己堕入滑稽可笑的陷坑。中外许多著名幽默作家都敢于放下架子，嘲笑自己。鲁迅写过《自嘲》诗；老舍在自传中嘲笑自己"二十七岁发愤著书，科学哲学无所懂，故写小说，博大家一笑，没什么了不得……书无所不读，全无所获并不着急……再活四十年，也许有点出息"；马克·吐温写过"家丑外扬"的《丑史》；等等。这些作家没有因为自嘲而降低他们在读者心目中的地位，反而使读者对他们更喜欢、更理解。

一个人如果一切都表现得完美无缺，会使人感到高不可攀因而对他敬而远之；反之，一个有才华有声望的人如果能自己指出或嘲笑自己的过错或弱点，反而能和一般人拉近关系，使人们喜欢和他接近。自嘲成为向别人袒露心扉、显示真诚、求得理解和交流的一种艺术手段，所以西方人把自嘲型幽默看作高级幽默。而且一些有才华的知名人士也经常适时地使用自嘲型幽默，树立自己的良好形象。例如，二战期间，英国前首相丘吉尔来到美国华盛顿会见美国第32任总统罗斯福，要求美国给予英国物资援助，共同抗击法西斯德国。丘吉尔受到热情的接待，被安排住进白宫。一天早晨，丘吉尔正躺在浴盆里，抽着他那特大号的雪茄烟。门开了，进来的正是美国总统罗斯福。罗斯福见丘吉尔大腹便便，肚子露出水面，不知该说什么。这两个伟大的人物在此刻会面，非常尴尬。丘吉尔扔掉烟头，说道："总统先生，我这个大英王国的首相在您的面前可真是一点也没有隐瞒。"两人一阵大笑，似乎一切问题都在这善意的笑声中解决了。此后，谈判成功，英国得到美国的援助。可以设想，丘吉尔的那句自嘲，或许起着不可忽视的作用。这一句话，既适合丘吉尔当时的处境，又适合英美两国当时在外交上的要求，裸露窘态反而成了证明丘吉尔对美国总统诚实坦白毫无欺诈的最好注脚。在自嘲的笑声中，丘吉尔获得了成功。

古希腊哲学家苏格拉底是个非常幽默的人，而他的妻子却是一个出名的泼妇。一次苏格拉底在家里会见客人，妻子为一点小事就大吵大闹，苏格拉底忙好言相劝，妻子不但不听，反而当着客人的面将半盆凉水劈头盖脸地泼洒在苏格拉底身上，苏格拉底顿时成了水淋淋的落汤鸡，模样实在狼狈不堪。客人们以为这下他要大发脾气了，可是苏格拉底却出人意料地笑着说："我就知道，雷霆过后，必有大雨。"苏格拉底当时对自己狼狈处境的机智自嘲，马上打破了主客双方都陷入尴尬的局面，据说那位悍妇也转怒为笑，大大缓解了夫妻间的紧张关系。

美国著名作家托马斯·沃尔夫一次在森林防火俱乐部演讲，听众来自不同的阶层。他说："人家告诉我，在我这个年龄居然还保持着这等好身材，真不简单。我把这功劳全归功于妻子爱丽丝。二十五年前我们结婚的时候，我告诉她：'亲爱的，我们永远也不要吵架。每当你让我心烦的时候，我都不会跟你吵架，我只会到附近去走走。'因此你们现在看到的这副身材，完全是四分之一世纪以来每天做户外运动的结果。"这位聪明的休斯敦人以自嘲型幽默与听众建立起了亲密无隙的关系。

很多人以自己的长相和短处作为自嘲的对象。钱钟书先生也主张幽默的人"决不把自己看得严重。真正的幽默是能反躬自笑的"，并经常运用自嘲式幽默。我们知道，钱先生是世人景仰的大学者、大作家，许多人都以能和他见面交谈为荣，特别是海外一些文人学者，来华访问以能见一下写《围城》的钱钟书为一大心愿。但钱先生并不把自己看得太重。一次他在电话里对一位求见的英国女士说："假如你吃了个鸡蛋觉得不错，何必认识那下蛋的母鸡呢？"当一位敬仰者在钱先生的一位朋友的带领下用"突然袭击"的战术出现在钱先生家门口时，钱先生对这位不约而至的客人不是表现出一脸严肃或不快，而是笑哈哈地说："泰昌，你没有引蛇出洞，又来瓮中捉鳖。"当然，一位学贯中西、名满天下的大学者，很随便地把自己比作"母鸡""蛇""鳖"，这需要有自嘲的勇气和幽默的才能。前面我们说过，自嘲是向别人袒露心扉、显示真诚、求得理解和交流的一种艺术手段，钱先生的自嘲正是这样一种巧妙的手段，所以客人在听了他的"引蛇出洞""瓮中捉鳖"的自嘲性话语之后，一下子就放松了下来。"说来奇怪，一见之下，钱老的这两句，一下子改变了他在人们脑海中设想的形象。他并非那样冷傲，相反是如此幽默、和蔼可亲。"

钱先生的自嘲，不仅用在普通的生活和日常人事交往中，而且用在隆重的场合或学术著作中。例如，1980 年 11 月 20 日钱先生在日本早稻田大学文学教授恳谈会上演讲时，开场就自嘲说："我是日语的文盲，面对着贵国'汉学'或'支那学'的丰富宝库，就像一个既不懂号码锁，又没有开撬工具的穷光棍，瞧着大保险箱，只好眼睁睁地发愣。但是，盲目无知往往是勇气的源泉。意大利有一句嘲笑人的惯语，说他发明了雨伞。据说有那么一个穷乡僻壤的土包子，一天在路上走，忽然下起小雨来了，他凑巧拿着一根棒和一方布，人急智生，把棒撑了布，遮住头顶，居然到家没有淋得像落汤鸡。他自我欣赏之余，也觉得对人类做出了贡献，应该公之于世。他风闻城里有一个发明品专利局，就兴冲冲拿棍连布赶进城去，到局里报告和表演他的新发明，局里的职员在他说明来意后哈哈大笑，拿出一把雨伞来，让他看个仔细。我今天就仿佛那个上专利局的乡下佬，孤陋寡闻，没见过雨伞。"这真是上乘的自嘲型幽默，用在那种在同行面前讲学的场合，真是再妙不过。不但表明了对同行的尊重和自己的谦虚，而且让人们感受到了他渊博的知识和幽默的态度。

在东北小品刚刚兴起热潮时，作品的自嘲和反讽特质是十分鲜明的。例如，1992 年春晚小品《我想有个家》中，有一段令人忍俊不禁却又略显心酸的自白："我叫赵英俊，三十五岁了，括弧——实际年龄跟长相有误差，不细看问题不大，这属于表面老化；现有住房一套，括弧——7.8 平方米；存款 1560 元，括弧——让前妻拐跑了。所以我要寻找一个勤劳朴实、爱国爱家，括弧——不能三天两头上这上那，一天连人影都看不着，做饭都没人给做。"通过几个生硬加入的"括弧"，观众了解到赵英俊这个中年男人的生存尴尬和困苦悲戚，现实生活的荒诞在电视征婚节目上被迫放大了，观众由此产生的笑是憨笑、是苦笑。家是港湾，是避风港，对没有家和没有家人的人来说，"我想有个家"这句话就充满了无限的伤感和伤悲。这就是"赵英俊们"的自嘲自鄙所引发的情感宣泄。

再如，小品《拜年》中，高秀敏要求赵本山见到乡长用语言来给乡长戴高帽：

高秀敏：现在是不时兴送礼了，都讲究用感情沟通。

赵本山：咋沟啊？

高秀敏：用语言，说好听的呗！

赵本山：完了，你让我玩鱼塘行，让我玩语言好有一比呀！

高秀敏：比啥呀？

赵本山：瞎么杆子上南极——根本找不着北；脑血栓练下叉——根本劈不开腿；大马猴穿旗袍——根本就看不出美；你让潘长江去吻郑海霞——根本就够不着嘴！

一连串的自嘲式歇后语幽默地表达了自己在给别人"戴高帽"方面能力的欠缺，从而避免了直接拒绝妻子。

再如，1990 年的小品《相亲》中的自嘲型幽默：

你说我这孩子净整这新鲜事，非让我来替他相亲，我说不来吧，就跟我来气儿。俺那孩子哪点都好，就是有点驴脾气，这也不怪他，我也这味儿。

说某人"这味儿"是东北方言中污辱性的詈骂语，这里的自嘲达到了很强烈的幽默效果。

二人转演员全部是东北农村出身，他们受教育程度不高，使用的语言是东北的自然语言。在二人转的表演中，我们常会看到演员通过自嘲来达到幽默效果，如小沈阳的二人转演出中的开场白：

太阳出来东方亮，山炮啥样我啥样。朋友看我，感觉好像是变态似的哈？其实我可正常了。

"山炮"是东北詈骂语，傻子的意思。同时，他又对自己的女孩打扮进行了自嘲。这句开场白一出口，观众哄笑不已。演员通过自嘲也不再高高在上，观众与演员的界线也不再那么明显。

我其实去过很多地方表演，像我们周边这些国家——泰国、新加坡、越南、马来西亚、俄罗斯哈——我都没去过。因为长得太丑了。可是我妈跟我说，我小时候长得好看，我妈抱我出去，大家都围着我看，问我妈，姐啊，你家这猴搁哪儿买的？

前部分说自己去过很多地方，又说自己小时候好看，观众的期待是自吹自擂，可是话锋一转，原来都是在自嘲。接连几个自嘲型幽默，调动了观众的热情，使他们对小沈阳接下来的表演更加期待了。东北人不喜欢自吹自擂式的谈话方式，喜欢把自己的弱点和发生过的尴尬事当作笑话讲给他人，在这个笑话中，自己又跳出成为一个讲述者，而故事中的人物又成了一个被自己嘲笑的对象。

东北人的自嘲型幽默来自超脱而潇洒的人生态度，带着这种幽默感观察世界，表现出的是丰富的同情心与身处逆境的泰然自若。因此，东北人的自嘲型幽默恰恰体现了东北人成熟的幽默心理与幽默技巧的掌控能力，也反映了东北人的自信与乐观。

当然，除了小品，东北话剧中的幽默成分也富有自嘲的特色。幽默的人物戏剧语言和民间歇后语塑造了人物泼辣、爽利、直来直往的性格特征，这和东北同期的小品有内在联系。例如，在李宝群的《父亲》中，家中的二弟就是一个游手好闲、爱耍贫嘴的社会二流子形象，语言风格插科打诨，把斜话歪理都说成了顺口溜，显得自成逻辑；而父亲则始终以家长特有的威严训斥口吻应对，一正一邪形成品格张力。

二弟：这两天也不咋了，扫帚顶门——净出岔。

……

二弟：现在下岗是不怕，一个两个就怕一家一户，不怕一家一户就怕一大片厂子趴窝黄铺！

父亲：你小子这又是从哪儿翻腾来的屁嗑？

二弟：屁嗑？工人村多少人下岗放长假了，外头都叫咱这儿是"度假村"。还有个顺口溜，"工人村的太阳就要落山了，工人村里静悄悄。十个有九个把岗下，还有一个放长假。明天日子怎么过？大家都往海里扎。能捞鱼捞鱼能捞虾捞虾，捞不着的靠爹妈"。

父亲：放屁！这是埋汰咱工人村。我他妈削你！

二弟：这就叫青春献给党，老了离工厂；想要儿女养，儿女下了岗。

二弟：你知道现在外头怎么说你这种爸爸？一等爸爸没牵挂，儿女想啥就干啥；二等爸爸打电话，儿女工作也不差；三等爸爸跑上又跑下，送点儿礼也能安排下；四等爸爸没能耐，只会待在家里骂！

……

父亲：大强你咋了？还神气不吹牛不？高科技呀、子公司呀，吹得是呜哇山响！现在咋的了？霜打的茄子蔫了，属瘟鸡的耷拉脑袋了，低头服输了。

在杨宝琛创作的话剧《大青山》中，主人公吴场长就是个其貌不扬的小人物，属于"蔫人出豹子"的性格，又有几分幽默。一天，来了好几个苏联客商要买林场啤酒厂的白熊牌啤酒。陈巍和几个俄罗斯人在街上热情地拥抱接吻。吴场长被吓呆了："我的妈呀！这当年坚强的反修战士，一转眼儿咋跟老毛子啃上了！"何副场长："你懂啥！这叫礼节，交情越深越使劲啃！""高举毛泽东思想伟大红旗，成为坚强的反修战士""在支援革命的伟大斗争中立新功"等口号都刻着1960年到1970年中期的鲜明时代烙印，而在1990年，曾经用毛泽东思想武装起来的自觉的反修战士却热烈拥抱亲吻了反修防变的对象，借用特殊时代语言符号进行反讽，起到了超越时代话语系统特征的滑稽作用。这样的语言使经历过特殊时代的人产生一种昨日如风、筵席终散场、年幼稚气的心情，与其说是语言幽默了自己，不如说是时代幽默了人生。在剧中，何副场长和吴场长谈工作，因意见不能统一而大打出手，吴场长为自己开脱："论辈分他得管我叫二叔，长辈打晚辈不犯纪律。"这一方面渗透出东北地缘文化中父权集中制和封建文化中辈分、长幼、尊卑有序的观念，另一方面表现出吴场长这个人物钻小空子、抖机灵的性格。

二、东北方言幽默特色的表现形式

（一）歇后语

歇后语是我国汉语中一种独特的语言表达形式，是广大人民群众在劳动和生活实践中创造出的一种语言文化，其内容形象生动、语言诙谐幽默、文化积淀深厚，是人民群众中广为流传且喜闻乐见的一种语言形式，尤其在我国东北地区和东北官话中，这种语言形式的运用十分频繁。例如，我们在平时的生活中，如果做了多余的工作或是做了费力不讨好的事情后，就会被别人指责"喝酱油耍酒疯——咸的啊（闲的啊）"；我们做了某些丢脸的事情之后，也总会被人说"光屁股拉碾子——砢碜一圈"。这些比喻十分恰当、内容充满幽默元素的歇后语是东北人生活中独有的一种语言习惯和特征，并且这种语言十分灵活地运用在生活的方方面面。

东北人不但喜欢在生活中使用歇后语，而且善于捕捉劳动和生活中一些好玩的、有意思的情节去革新和创造歇后语，使歇后语这种语言形式深深地扎根在东北方言的文化当中。由此我们可以分析出，东北喜剧小品台词搞笑、内容风趣和东北歇后语的使用是有着必然联系的。

那么歇后语怎样才能达到最好的幽默效果呢？一般在设计运用上要符合以下两个条件：第一，歇后语的自身内容要包含幽默感和喜剧效果。第二，歇后语在整部作品中出现的位置必须根据剧情需求来设计，不可在小品中随意地增加或滥用。歇后语在作品中起到的是总结作用，总是在小品的最高潮处，准确地总结和概括当事人此时此刻的心情，并且言语中的内容和语言相对犀利、搞笑、别出心裁，从而达到让人意想不到的喜剧效果。只有满足以上两个条件，才能使歇后语的作用发挥到极致，产生更强大的喜剧效果。以小品《拜年》为例，在小品的一开始，赵本山先用了四句生动、鲜活的东北歇后语作为小品的开场铺垫："瞎么杵子上南极——根本找不着北；脑血栓练下叉——根本劈不开腿；大马猴穿旗袍——根本就看不出美；你让潘长江去吻郑海霞——根本就够不着嘴。"这四句带有东北方言特色的歇后语一下子将晚会现场的气氛推到了一个新的高潮，观众们被这四句内容生动、形象感超强的歇后语逗得前仰后合，并且将现场所有观众的注意力全部集中到了这个节目中。这就是歇后语在喜剧小品中的魅力所在，足以证明歇后语在喜剧小品台词的运用上是可以产生喜剧效果的。小品发展到了高潮处，赵本山接到县里打来的电话得知范伟所饰演的乡长不降反升，当了县长，二人顿时乱了阵脚，情急之下跑到屋外，这时赵本山又引用了一句十分经典的歇后语指责身边的高秀敏："我看你是耗子给猫当三陪——你挣钱不要命了！"这句歇后语无论是从内容上还是从故事发展的情境上都非常契合当时小品发展的状态，准确地将赵本山所饰角色此时又急又气的心情体现得淋漓尽致。并且这句歇后语的位置也非常准确，正好是小品中矛盾冲突最关键的位置，一句内容精辟、言简意赅的东北歇后语直接将小品的欢乐气氛推向了高潮。

通过以上小品实例的论证我们得出，东北方言中歇后语在喜剧小品中的运用是能够达到独特的喜剧效果的，这种独有的、饱含东北民族文化的、具有总结性语言功能的语言形式，在喜剧小品创作中产生的幽默效果也是不可替代的，是非常值得我们传承和研究的一门语言艺术，也是东北方言中十分有代表性的一门艺术。

（二）相声

相声的表演，多以普通话为主。在这个大前提下，使用方言表演不仅能使观众耳目一新，也会使演员在表演方式上体验到新鲜感。相声表演中方言的使用，并非将日常生活中各地的地方话生搬硬套到舞台上，而是将各地口音中最有特点的部分提炼出来，总结成最适合个人语言风格的使用方式。这样既能向观众展示出方言原本所在地区的人文风情，又能保证不熟悉方言的观众也能理解方言背后的意思，使观众对陌生的语言产生好奇、亲切感甚至共鸣。而且由于各地方言的语言使用习惯不同，对观众来说，字面上看似差不多的语言被新鲜的语言节奏、音调表现出来，会有一种似曾相识但又不曾谋面的感觉，这也加深了观众对方言的好奇。例如，在梁左先生创作、姜昆与唐杰忠表演的《电梯奇遇》当中，逗哏就使用了山东话、上海话和东北话等方言，塑造了三个风格不同的"效率低下，人浮于事"的权力掌握者。在这段表演中，如果单看这三个角色的台词，不仅在风格上都是偏严肃、灰色、打官腔的，而且在内容上，三者也都是偏雷同的。所以，在这里就非常有通过使用方言来进行人物塑造和区分的必要性。

使用方言，不仅能借助不同方言的语言节奏，为不同的人物建立不同的语言习惯，还能通过方言本身所在地的地域色彩和群众面貌，增添性格上的特点和态度。也只有在人物形象被塑造得丰满而又立体的前提下，演员的叙事才更容易被观众接受。然而，虽然我们承认方言在相声作品中的重要作用，但是我们也不得不意识到，在相声的创作中，方言的使用可以说是一种捷径，或者说是一种在优秀作品里锦上添花的手段，而不是可以在多个作品中反复、长期使用的主要手段，更不能当作雪中送炭的"致笑法宝"。

如果一个相声作品全部的包袱都停留在演员的特殊口音、不常见的语言习惯层面，那这样的作品的"惊奇感"便不是建立在人物形象、性格或者故事情节上，而是建立在对有口音的群众的"歧视"上了。这样的做法不仅在技术层面属于偷懒、耍滑的做法，更会在心理层面激起观众的同情、怜悯甚至愤怒，从而影响到致笑的效果。

在《相声史杂谈》中，金名认为东北相声的特点是语言滑稽（声）、动作滑稽（相），可以更好地表达东北方言的幽默艺术。

（三）二人转

1.二人转的起源

（1）民间说

对于二人转民间艺术的起源，艺人们往往在流传描述时会附上神话色彩，这些神话传说关系着二人转艺人们的信仰世界，无疑给这门艺术增加了文化底蕴。根据民间艺人的普遍流传，有以下几种传说。

关于周庄王的传说。有的老艺人说是周庄王留下的二人转。因为周庄王在生病期间躺在床上无比烦闷，所以找来了两个傻子为他解闷逗他开心，并没有什么唱词，只是让男人包了一个女人头，周庄王就十分高兴，病好了以后便找人编曲带到民间去演唱。另一种说法是庄王发兵，为解士兵思乡之情，便叫两个大臣背朝士兵唱歌，不许看脸。不论是蹦蹦还是莲花落，只要演员出场就都要背面朝观众，据说这就是周庄王留下来的规矩。

关于李梦雄兄妹的传说。在民间与这两兄妹相关的起源说有很多，大致有两个版本：第一个版本是李梦雄兄妹的父亲被奸臣陷害，全家被抄，仅留下兄妹两人，为了谋生，兄妹以卖唱为生，由此留下二人转。现在艺人们经常说的傻哥和老妹子就是这样来的。包头的要用扇子把脸挡住也是因为她原本是官宦家的女儿，所以害怕看见外人。第二个版本来源于民间说唱小说《千里驹》范丹的传说，大致的意思是，刘月豪骑着他的千里马进京赶考，在中途他投宿在孔孟和尚的店，因为刘月豪是忠臣的儿子，奸人太监刘瑾便想要加害他，刘月豪赶紧骑着千里马逃跑，恰巧李梦雄住在这里，李梦雄便替他打抱不平，并且把自己的妹妹嫁给了刘月豪。后来李梦雄兄妹二人进城卖唱去看刘月豪，便留下了二人转。

关于范丹的传说。传说孔子命子路去范丹那里讨要粮食，第一次去的时候被范丹拒绝，孔子又派颜回去讨粮食，颜回讨回米山、面山两座。后来范丹找孔子讨粮，孔子说："前辈借，后辈还，凡是贴红对子的人家都可以要。"所以，无论是唱莲花落还是蹦蹦的，凡是有"海底"的，都是以范丹为根基。

（2）单源说

持"单源说"观点的人认为二人转起源于某一种艺术形式。"单源说"的主要观点有三种。

第一种观点认为二人转起源于说唱艺术莲花落。持有这一观点的学者认为，莲花落在发展和形成的过程中主要受到了山西柳腔的影响，并在东北的民俗环境之中不断地交流与融合，经过漫长的历史发展过程，形成并产生了二人转艺术。

第二种观点认为二人转起源于东北秧歌。持有这一观点的学者认为，二人转强烈地呈现出东北秧歌的演出形式和特征，二人转的一丑一旦的舞蹈形式标志着二人转的基本特征是东北秧歌上、下装的移植。所以二人转是在东北秧歌的发展中分支演化而来的，是东北地地道道的一种歌舞表演形式。

第三种观点认为二人转起源于萨满中的跳神。持有这一观点的学者认为，萨满中的跳神的一问一答、一唱一和、跳进跳出的表演形式与二人转的表演形式十分接近，并且将二人转的意象图与远古岩画图像相比对，两者的造型是一致的，所以认定这样相同的象征证明了二人转来源于萨满中的跳神。萨满中大神与二神之间的一唱一和、一问一答的默契配合，与二人转旦角和丑角的表演形式非常接近。萨满中通神后的"神灵附体"是二人转角色跳进跳出的表演的雏形。

（3）双源说

"双源说"指二人转是东北秧歌和莲花落两种艺术表演形式相结合而来的，它把东北秧歌和莲花落都作为二人转的母体，二者没有主次之分，彼此相互融合、兼收并蓄，并在此基础上吸收其他多种艺术表演形式的精髓，从而发展成为二人转。所以后来有"莲花落打底，大秧歌镶边""大秧歌打底，莲花落镶边"的说法。

（4）多源说

"多源说"认为二人转是由多种民间艺术形式混合组成的综合体，它不源自具体某一种艺术形式，而是多种艺术形式的融合。持有这种观点的学者认为，二人转是经历了从东北民歌脱胎成为民间歌舞的草创阶段，又经历了与流行于东北各地的莲花落、十不闲等说唱音乐融合的转型阶段，更经历了与梆子、评剧、皮影等戏曲艺术形式交流和学习的提升阶段，从而形成了融歌舞、说唱、戏曲为一体的综合性地方歌舞小戏。持有这一观点的学者并不多，我们可以认为多源说等同于无源说，只有在某一种起源的说法支撑下，才能够确定二人转的审美属性。

在二人转的起源这一问题上，学术界一直没有明确统一的说法。各学者也在自己所支持的母体说上争论不休，这些争论标志着二人转研究的深化。

2. 二人转的幽默

二人转的幽默来自东北文化和东北方言中的特性。东北方言中的幽默属于典型的热幽默，热幽默和冷幽默的冷静与不动声色不同，根本不需要听众去思考话语中的幽默元素和逻辑关联性。热幽默的特点是动情的声色表演，通过表情和直白的语言直接达到搞笑的效果，也许听众不会觉得那么有趣，后劲儿也不足，但是被热幽默感染的人也会会心一笑。热幽默的门槛较低，着重与人类情绪的直接沟通，少带隐形的讽刺，从思维的角度来看，热幽默不是很缜密，全凭感情冲动来支持，这种直白火辣的幽默方式正好和东北文化的性格相契合。有学者认为，东北文化中带有一种苦中作乐的精神，因此东北人的生活离不开喜剧，他们在这样的文化氛围下自然而然就喜欢上了开心和逗乐，这也是二人转带有幽默特性的重要原因之一。

有学者认为东北人凑在一块就能演绎出一部喜剧大戏，他们经常凑在一块扯闲篇，用一种寻开心和逗乐的自由精神来面对生活。这种唠嗑的喜剧效果在二人转中有所体现。东北人喜欢欢乐的氛围，通常表现在待人接物的日常活动中。在过去，东北人忙农活总有道不完说不尽的嬉笑怒骂，晚上和宴会上也能"整"出大量的瞎话和荤段子。东北的喜剧带有欢乐，带有戏谑，也带有性暗示。这里彰显了人欲对文化的渗透，东北文化少有对此的压抑，民间文化充分发挥这些来打发寂寞困苦的生活。热闹、逗笑是东北人共同的审美需求，也是满足他们生存需要的必需品。"二人转穿红着绿，高腔本嗓，狂歌劲舞，嬉笑怒骂，铺排渲染，大起大落，见棱见角"，凡是看过二人转的人，对它的第一印象就是热闹、高兴，这是对二人转表演艺术最为直观的评价。

（四）文学创作

简单地说，东北的文学创作就是东北人用东北话写东北的人和事。东北的文学中体现了东北人的性格，描写的是黑土地上人们生活的真实面貌。东北方言成为东北文学中的特色。文学家胡适在《〈海上花列传〉序》中说："方言的文学所以可贵，正因为方言最能表现人的神理。通俗的白话固然远胜于古文，但终不如方言能表现说话人的神情口气。"外强入侵的危难关头，杨靖宇烈士体现出的刚烈、威武不屈的文化人格；赵尚志屡败屡战，直到战亡的英勇气魄；赵一曼受尽摧残视死如归；八女临危不惧，毅然投江等，这些惊天地泣鬼神的英雄形象乃东北文化品格之精华。与得体、精准的官方语相比，东北方言显得桀骜不驯、毫无顾忌，它鲜活生动、夸张俏皮、富于煽动性和形象感、充满了"诗性的冲动"。这样的文化与人物性格非以东北方言描述不能传神。"这样的文化土壤自然不会有京派文化黄钟大吕的庄重、海派文化吴语呢喃的温雅细致。东北文化性格中有太多的东北的山和水，真是一方水土养一方人，东北人的粗鲁、豪放、任性、倔强无不来自此，也注定了东北人的悲剧人生性格，尽管其悲剧的境界往往是致高的。"例如，东北作家萧军、萧红在他们的作品中表达了对乡土的眷恋、对外寇仇恨的民族情结、生与死的冲突，在描摹现代东北的大冲突、东北人的精神状态方面有相当的成就。这些东北作家是东北人民最可亲可敬的儿女，无论作家本身的境况多么不幸，无论东北人民当时所处的环境多么悲惨，东北的环境造就了东北人独特的性格，这种特立独行造就了东北的作家。在东北作家的笔下，我们总是能看到东北人乐天、幽默的本性流露。

（五）喜剧小品

1. 喜剧小品的起源

（1）"小品"初现于佛经

"小品"是个流变的概念，这一名称始见于晋朝佛教典籍。佛经分为节本和全本，节本又称"小品"，全本又称"大品"，例如，鸠摩罗什等僧侣于后秦弘始三年（公元401年）翻译的《摩诃般若波罗蜜经》，其10卷简略译本称为《小品般若》，而完整的27卷译本则称为《大品般若》。

《世说新语·文学》中所载佐证了"小品"是与"大品"相对的，书中云："殷中军读《小品》，下二百签，皆是精微，世之幽滞。尝欲与支道林辩之。"该句下，刘孝标为其注："释氏《辨空经》有详者焉，有略者焉。详者为大品，略者为小品。"佛经的小品篇幅精短，语言上则更为简练，易于诵读，深得民众喜爱。晚唐皮日休的《寂上人院联句》有云："趁幽翻小品，逐胜讲南华。莎彩融黄露，莲衣染素霞。"将赏阅小品经文与《南华经》（本名《庄子》）作为休闲养性的方式。

（2）"小品"名称的泛用与"喜剧小品"名称的出现

在文学之外，"小品"这一名称及形式被广泛嫁接到多个艺术门类，体例精致短小的戏剧小品、建筑小品、书法小品、美术小品、摄影小品等应运而生。在众多艺术门类的小品中，影响力最强的是脱胎于戏剧专业院校戏剧教学、练习活动的演出性质的小品，这也得益于中国电视文艺事业的发展。1958年，中国首家电视台——北京电视台正式开播。1961—1962年，北京电视台先后举办了三场"笑的晚会"，首场晚会完全是相声节目，第二场晚会选取了几个从专业戏剧院校戏剧教学小品中挑选出来的能够引人发笑的小品节目，第三场晚会则以此类小品节目为主。于是在1962年，作为一种电视节目样式，引人发笑的、演出性质的小品第一次"堂而皇之"地进入公众的视野。十年浩劫之后，小品这一艺术形式仿佛是条曾被拦腰斩断的艺术之河，在特殊的时空里又显出它亘古源头泛动的粼光。1983年，在首届央视春晚舞台上，出现了《逛厂甸》《吃鸡》《弹钢琴》以及《阿Q的独白》四个小品节目，从此，小品节目以一种舞台艺术的"身份"而正式确立下来。值得注意的是，早期的央视春晚对"小品"这一名称及其所对应的节目形式划归是泾渭分明的，从1983年到1991年的节目单上可见，小品：《逛厂甸》（1983年，表演者：斯琴高娃、严顺开）、《吃面条》（1984年，表演者：陈佩斯、朱时茂）、《羊肉串》（1986年，表演者：陈佩斯、朱时茂）；喜剧小品：《吃鸡》（1983年，表演者：王景愚、姜昆）、《拍电影》（1985年，表演者：陈佩斯、朱时茂）、《手拉手》（1991年，表演者：黄宏、宋丹丹）；哑剧小品：《淋浴》（1984年，表演者：游本昌）、《举重》（1990年，表演者：王景愚）；戏曲小品：《孙二娘开店》（1987年，表演者：游本昌、董元元、张寄蝶、孙绍东、朱世慧、莫元季、刘丰）；动物小品：《家庭宴会》（录像）（1987 年，配音：王明玉、李扬等）；相声小品：《拔牙》（1987 年，表演者：赵连甲、王刚）；歌剧小品：《狗娃与黑妞》（1988 年，表演者：陈佩斯、小香玉）；舞蹈小品：《背起那小妹妹》（1990 年，表演者：贾小平、纪广等）。1983 年的央视春晚上同时出现了"小品"和"喜剧小品"两种节目名称。而陈佩斯、朱时茂搭档表演的两部形式相似的作品《吃面条》和《拍电影》，在不同年份的央视春晚上却被分别冠以"小品"和"喜剧小品"两种不同的节目名称。随着表演形式、表现手法的不断丰富，节目内容的不断延伸，表演群体的不断扩大，还出现了哑剧小品、戏曲小品、歌剧小品、舞蹈小品、相声小品等，小品节目在央视春晚的舞台上开始"百花争艳"。1992年以后，在央视春晚的节目单上"喜剧小品"的名称不再出现，"小品"这一名称逐渐成为央视春晚舞台上除相声以外的、致力于制造笑声的所有语言类节目的统一标签。时至今日，鉴于小品的广泛影响，人们大都将舞台与荧屏上演出的带有喜剧性的短小精炼的艺术样式简称为"小品"，这种简称带有泛指的意味，可理解为一种约定俗成。

2. 喜剧小品的语言特征

一提到东北小品，人们马上想到一连串风趣幽默、散发着浓郁黑土地风情的东北方言，如唠嗑、矸碜、忽悠、蔫巴、屯子、咋整的等。东北方言成为东北小品最显著的标志，甚至成为普通观众确认一个小品是不是东北小品的一个外在标识。没有东北方言的运用，就如同没有强健翅翼的飞鸟一样，东北小品或许会从翱翔的雄鹰变为咯咯叫的草鸡。

作家王蒙在一篇散文中这样描写他对维吾尔语的感情："一讲维吾尔语，我就神采飞扬，春风得意，生动活泼，诙谐机敏。一种语言并不仅仅是一种工具，而是一种文化，是一个活生生的人群，是一种生活的韵味，是一种奇妙的自然风光，也是人文景观还是世界真奇妙的组成部分，是我一段永远难忘的经历，是我的一大批朋友的悲欢离合，他们的友谊，他们的心。"这是一个作家对语言的认识。从艺术类属上看，文学是语言的艺术，小品是表演的艺术。但除了早期的哑剧之外，小品的表演主要通过行动和语言来进行，在小品艺术里包含着语言艺术。我们已经知道，语言在早期小品的发展过程中并不占据主要地位。在话剧型小品阶段，人们对小品的认识还没有脱离课堂教学小品模式，认为小品主要是表现演员的形体表演才能和功力的。所以，在早期的小品中，哑剧占有很大的比重，著名的表演者如王景愚、游本昌都是以哑剧表演出名的。即使是辉煌搭档陈佩斯和朱时茂，也没有离开夸张的形体动作，最明显的是《胡椒面》，完全可以说是一部滑稽哑剧。但是，哑剧的表现力毕竟是有限的，它的缺点可以归纳为"一大一小"：表演难度大，艺术内涵小。因此随着观众欣赏口味的变化，随着春晚对小品节目功能要求的变化，哑剧表演越来越"吃力难讨好"。小品发展到东北小品阶段，语言的重要性显得尤为突出，它成了小品营造幽默、表现人物、渲染主题的主要渠道。而方言进入作为一种滑稽艺术的小品，也并非偶然。

在当今小品舞台上，曾经出现过几种比较重要的方言，例如，以赵丽蓉、冯巩为代表的河北方言，以郭达为代表的陕西方言，以赵本山、黄宏、潘长江等为代表的东北方言。这几种方言的主要特点是都属于北方方言，因此与普通话比较接近，南北观众在接受它们时不至于产生理解上的困难。相比较之下，四川方言、广东方言都曾在小品中出现过，前者因为北方地区难以接受而不能形成气候，后者则完全凭借区域经济的发展而扩展，本质上不具备幽默特性，不能稳定地占据舞台。几种北方方言给春晚舞台带来了一股纯朴的、日常的、非官方的普通话气息，其中尤其以东北方言同普通话十分接近，不论是北方观众还是南方观众，都一听就能明白。东北方言最大的特色就是原汁原味的土野味。如果我们认可语言是一种文化，则赵丽蓉的唐山口味更多地体现出民俗文化的幽默，而东北方言体现出来的则是东北黑土地的诙谐文化——原汁原味的土野之美。例如，"疙瘩""恩哪""唠嗑""蔫巴""忽悠""贼拉好"等日常用语都富于滑稽俏皮色彩。黑土地地广人稀，养成了东北人说话嗓门大、音量高、语速慢、声音轻重变化较大的特点，再经过东北小品演员的夸张和渲染，其效果就如同乐队里的小号、大贝斯、架子鼓的合奏一样，给人一种激情四溢、火爆热烈、情感灼人而又深沉厚重的感觉，多变而不杂，热烈而不噪。

与陕西方言和河北方言相比，东北方言更具幽默诙谐色彩，它简洁、生动、形象，富于节奏感。这与东北人豪放、直率、幽默的性格互为表里。"没咋地""挺闹心""撒跑""比较乱套"这类话语是典型的东北人的日常用语。我们在这里所体会到的是一种机智风趣、土里土气的乡土幽默。在对"诗体""报告体"等肃穆文雅的文体的模仿中，东北小品所贯注进去的是民间的诙谐精神。例如，"改革春风吹进门，中国人民抖精神。海湾那旮哒挺闹心，美英合伙欺负人"，严肃正经的话题被转化为乡野中农民的口头戏谑和扯皮，把晚会小品不可避免的政治宣传和意识形态灌输转变成了一种本质上是戏谑的语言游戏。

上述例子，已经是经过文人"加工"后的语言形态了，如果看那些更加质朴的纯东北方言，乡土色彩则更加浓厚。例如，东北方言中的拟声词非常多，这些词语的使用使得语言有了声音效果，更增强了语言的表现力。例如，"那怎么还垮嚓一声呢""那年我记得是7月份连天雨呐，那家伙从早上下一直下到中午，哇哇的"。有很多含义虽然用普通话也可以表达，但用东北方言表达韵味就完全不同，有的甚至是用普通话无法表达的，可用东北方言表达出来就既贴切、生动精炼，又幽默风趣。

一般来说，乡民面对的世界是恒常的山水土地，有规律的季节轮替，他们日常接触的都是自然而原始的器物。乡民大多没有受过很好的教育，因此抽象思维能力较弱。乡民的世界是一个充满感性的、戏剧性的世界。乡民虽然不擅于推理，但极其擅于描述，他们可以把自己的所见所闻用富有喜剧性的语言描述出来。东北喜剧小品语言体现出来的是自然、质朴、粗犷、诙谐，这正是黑土地上的人民长年累月的生活体验。东北小品的演创人员都有着深厚的乡土情结，他们熟悉东北的农村和农民，有着丰富的生活经验和情感基础，这是他们创作的不竭源泉。分析东北喜剧小品的语言特色，除了原汁原味的乡土气息之外，从技巧上看，灵活多变的修辞手法也不容忽视。学界对这一点关注较多。有学者仅从《说事儿》这一个小品中就分析出修辞手法多达11种，这种分析或许过于细致，但是东北喜剧小品在语言技巧方面确实比前期的小品更加成熟。

3. 喜剧小品的幽默

生活是艺术永不枯竭的源泉。喜剧小品之所以成为大众喜欢的一种艺术形式，很大程度上是因为它具有平民性和生活性。喜剧小品主要是在特定时间内通过截取生活的一个小片段来反映某些社会现象，因此在表演过程中要求真实而又艺术地反映生活，还要凸显喜剧小品的幽默特性，这些主要是凭借人物的语言。喜剧小品发展到目前阶段，语言的重要性尤为突出，它是小品营造幽默、表现人物、渲染主题的主要渠道。逼真的语言环境能给小品带来十分浓郁的生活色彩，也能增强小品的幽默效果。这样就要求演员营造一个逼真的语言氛围，多用日常口语。而真正把这个要求贯彻下来并使其影响充分发挥的，可以说是东北小品。

有人这样描写东北小品的崛起："当学院派不能得到观众的认同时，小品界出现了一群'黑马'，这些小品演员从民间兴起，他们未用小品的形式训练过自己的演技，所以也就不把小品与教学联系在一起。他们已经通过其他途径练就了出色的演技，现在，就是以小品这种形式来发挥而已。他们对小品的理解与观众完全吻合，小品就是幽默。他们宁可牺牲教育意义，也要让观众笑。观众欣赏这种做法，他们成功了，小品这种艺术形式也因他们的出现而走向鼎盛时代。在这批来自民间的小品明星中，东北人占了绝大多数。黄宏、潘长江、巩汉林、范伟、高秀敏，还有那个最大的'腕'赵本山。他们的走红犹如风一般席卷中国。"这阵"东北风"确实改变了中国当代喜剧小品的基本面貌。

东北小品中的语言极具地域特色，语言上表现尤为明显。戏剧家李秀云也认为"东北喜剧小品异于其他喜剧小品的第一个鲜明的艺术品格，应该说是它的外形式——言说上的特征"。东北小品的火爆也源于东北方言自身的特点。东北方言本身与普通话接近，这就在最根本上解决了观众的接受问题。而且值得注意的是，东北方言还体现了东北人感情外化的特点。东北方言的语音高亢、铿锵有力，词汇诙谐生动并微带夸张，因此显得更为生动形象，极具亲和力，而且有时语义表达也更为精炼。这些都使东北方言在小品语言的使用中更具表现力和传达性。如今在东北小品的探索下，方言也已成为喜剧小品中幽默语料的来源之一，也是实现小品生活化、个性化的重要手段。

幽默性是喜剧小品语言的特征。喜剧小品中使用这种地域式的语音一方面使小品具有了现实感，便于在"土"和"俗"中表现人物性格，也能借助世俗生活本身所包含的底蕴来打动观众；另一方面，有些方音土调本身就具备了不协调的因素，演员巧加利用使之夸张变形，更能凸显滑稽幽默的喜剧效果。例如，在小品《打工奇遇》中，赵丽蓉将"钱"说成"qiǎn"，把"大酒楼"说成"dà jiú lōu"，还把"明白"读成"míng bǎi"。赵老师在小品中运用这种比较易懂的方音，既不影响观众的理解，也能凸显出小品中人物的朴实性、生活性，还使得她的小品语言非常具有乡土特色。

宋丹丹在小品中也经常采用东北方音进行表演。在早期小品《超生游击队》中，她满口东北味儿地说起"吐鲁番、少林寺、海南岛"三个女儿的名字，令全场笑声飞扬，掌声雷动。在小品中，她把"美容"说成"měi yóng"，将"出来"说成"chú lai"，这幽默十足的东北方音让人觉得十分有亲切感和喜剧感。在以往的小品舞台上，魏积安的山东腔"伙计"，郭达的西北官话"卖大米"，赵本山的东北腔"忽悠"，等等，都给观众留下了深刻的印象，而且给喜剧小品增加了浓厚的生活气息。随着《招聘》《耙耳朵》等小品登上舞台，南方方言小品也初露锋芒，打破了以往北方方言一统天下的局面。由以往的经验可得知，小品表演恰当地使用方音，可以对小品幽默效果的充分发挥起到锦上添花的作用。在现今的喜剧小品中，方音和方言词汇是增强小品语言幽默性与生活性的常用手段。请看以下例子。

赵本山：迷糊没？

范　伟：没有！

赵本山：没迷糊你搁那儿抓啥呢？

范　伟：有点冒金星。

赵本山：冒金星，现在你的脑袋明显智商偏低。

范　伟：你别整那个事儿，就咱这个脑细胞抠出来上秤约，比你多二斤！

"搁那儿""整""上称约"这都是典型的东北方言词语，给小品台词增添了浓郁的生活气息，也使得小品人物的言语交际充满了人情味。

赵本山：改革春风吹满地，中国人民真争气，齐心合力跨世纪，一场大水没咋地。谢谢！

崔永元：这是首诗。

宋丹丹：该我了。

崔永元：大妈也准备啦？

宋丹丹：是，我站着说吧。改革春风吹进门，中国人民抖精神，海湾那旮哒挺闹心，美英合伙欺负人。谢谢！

赵本山：欺负人你谢它干啥玩意儿。

……

宋丹丹：俺俩搞对象那前儿吧，我就想送他件毛衣，那前儿穷，没钱买。赶上呢，我正好给生产队放羊，我就发现那羊脱毛，我就往下薅羊毛。晚上回家呢，纺成毛线，白天一边织毛衣，一边放羊，一边再薅羊毛。结果眼瞅着织着差俩袖了让生产队发现了，不但没收了毛衣，还开批斗会批斗我，那前儿不是有个罪名叫——

崔永元：挖社会主义墙角！

宋丹丹：是，给我定的罪名就叫薅社会主义羊毛。

崔永元：这罪过不轻啊。

赵本山：她心眼儿太实，你说当时放了五十只羊，你薅羊毛偏可着一个薅，薅的这家伙像葛优似的谁看不出来呀？

将"没咋地""那旮哒"这些方言词汇嵌入这则"仿格律诗"，使严肃的政治主题与谐趣的方言形成对比，超出观众的心理预期，同时整齐的押韵手法又使这段台词极富音乐感和节奏感，给观众带来听觉上的愉悦。"薅羊毛"是北方方言词汇，但是由"挖社会主义墙角"类推出"薅社会主义羊毛"既显新奇幽默，又具生活性和生动性，和谐与不和谐兼而有之，互融互促，极大地体现了喜剧小品的幽默魅力。

总而言之，喜剧小品是关于说、唱和表演的艺术，除哑剧喜剧小品外，喜剧小品都要依托语言来塑造人物、制造包袱、展示特定时空下的生活情境和喜剧性事件发生的基础，可以说喜剧小品中语言的艺术和技巧是辨识其艺术派别的主要标签。笔者所研究的喜剧小品语言指的是作品中人物角色语言（也可称作台词）的内容及表达方式，主要类型有独白、对白和旁白。喜剧小品的语言承载着创作者和表演者对作品的思考和情怀，观众通过对语言的识别，感知作品、获得愉悦，因此，演员表述台词后，留给观众思考的时间是极其有限的，这就要求喜剧小品语言在展开"制笑"功能之前，必须具备一个基本的标准，就是要通俗易懂。我国人口众多，加之山川地理阻隔，产生了较为复杂的方言片区。1955 年召开现代汉语规范问题学术会议之后，我国明确了"以北京语音为标准音，以北方话为基础方言，以典范的现代白话文著作作为语法规范"的"民族共同语言"——普通话。推广普通话虽然是为了满足本地区社会交际的实际需要，但是方言代表着地域文化，对任何方言片区的人们来说都更为通俗易懂，指向性和表现力更强，具有普通话难以比拟的亲和力。

如前面所述，在中央电视台春节联欢晚会喜剧小品的舞台上历来不乏方言的运用，除东北方言之外，赵丽蓉的"唐山味"、冯巩的天津话、魏积安和孙涛的山东话、郭达和李琦的陕西话等都能够为全国观众普遍接受，原因是东北、华北、西北等地区所使用的方言都属于北方方言片区，较为接近普通话，在保证了南北观众不产生理解偏差的前提下提高了喜剧小品的亲和力。此外，正如演员孙涛曾公开表示自己塑造的人物使用的是"山东普通话"那样，多数演员在喜剧小品中运用方言时都对方言进行了"普通化"加工——方言的语音淡一些、方言中的特殊用法少一些、表述慢一些，因此很多方言在喜剧小品的语言中未能形成气候。喜剧小品虽然在模仿生活情境，但是它与自然状态下的日常谈话还是截然不同的。喜剧小品语言是经过了艺术加工和文学雕琢后的类同原汁原味的民间语言，雕琢和加工的痕迹越淡化，现场的喜剧效果就越强烈。东北喜剧小品就是得益于对"东北式"语言幽默的开掘，产生了许多具有东北风格的优秀作品。

（六）喜剧影视

东北农村题材电视剧不仅在数量上不输同时期的其他类型电视剧，在质量上也达到了前所未有的高度。一时间，"东北风"刮遍了祖国的大江南北，东北话成了全国人民竞相模仿的"第一方言"，东北的历史沿革、传统民俗民间文化、风土人情等成就了东北农村题材电视剧的辉煌，以及未来发展的良好局面。这时期甚至出现了"赵本山现象"和"吉林农村现象"两股创作思潮，备受学界和受众瞩目。

这种"东北现象"的出现，有着现实的原因：其一，具备具有影响力的艺术家和名人；其二，具有一个强大的、系统的、专业的创作团队；其三，符合时代的要求，适应国家政策的导向；其四，满足了受众的娱乐需要。纵观这个时期的东北农村题材电视剧，多以喜剧为主，共同特点是诙谐幽默、自然轻松。随着时代的进步、社会结构的改变、城市社会与农村社会的相互渗透，其题材内容也在简单地讲述农村故事，展现东北人民生活的基础上得到了升华，更多地将重点放在了对农村留守儿童的关注、农村医疗条件的改善、农民的精神追求上，倾向于展现新时期新农村的和谐发展，同时积极响应了国家和政府的号召，关注对"三农"问题的探讨。

接下来以《乡村爱情》为例。《乡村爱情》系列剧以家庭为叙述单位，将以"王小蒙""谢永强""香秀""李大国"为代表的年轻一代的爱情婚恋故事以及以"谢大脚""王长贵""王云"为代表的中年一代曲折的婚姻感情纠缠作为主线，伴随着各自的创业经历，将一个个鲜明生动的新时期农民人物形象塑造得淋漓尽致，表现了新时代农村人民敢爱敢恨的婚恋观、积极向上的奋斗精神等。剧中设置了大量的幽默桥段和精彩对话，穿插着邻里之间的家长里短、大事小情，为观众呈现出一部轻松、喜庆、祥和的乡村轻喜剧。《乡村爱情》区别于其他类型的电视剧最主要的一点就在于剧中人物的东北方言对话，受北方人豪放、幽默、直爽等性格特点的影响，东北方言干净利索、诙谐直接，是东北笑谑艺术的见证与表达，在剧中往往能够很好地推动剧情的发展，同时人物语言也更能彰显人物的性格特征。在《乡村爱情》系列剧中，人人说着一口标准的东北方言，例如，常挂在嘴边的"嗯呐""滚犊子""葛啥""搁哪儿""整""卑服（服气）了""埋汰""咋地""拉倒""嘚瑟"等。这些较为简短但非常具有张力的词语，简单直白又活泼俏皮，令人倍觉亲切。剧中刘大脑袋为了显示自己在象牙山山庄的威严，令其手下的保安队在回答自己的问题时都要加上一个"必须的"。之后王天来夺取了刘大脑袋的副总经理位置，让保安队及手下把口头禅变为"我们很年轻，我们很直溜"，同时要求把原来刘大脑袋上任时的"必须的"改成"哦了"。一些如"哎呀妈呀""突撸反仗"等词句颇具感染力，对人物情绪的表达起着推波助澜的作用。看以下几个例子。

（谢广坤在院子里对着镜子梳头，发现了一根白头发，赶紧招呼在院子里干活的永强娘）

谢广坤：来来来，你过来过来，我这旮（这里）有根白头发，来来，你给我薅下来，快点。

广坤媳妇：捯饬啥呀，你这是要出去呀。

（结果广坤媳妇由于眼花拔了一根黑头发下来）

谢广坤急了：哎呀妈呀，这不黑的吗？你瞅啥来的你呀？我就这两根头发了你瞅准再薅，我天天都不敢梳。你可真闹腾。

广坤媳妇：我再给你薅吧。

（一边上前打算伸手薅谢广坤头发）

谢广坤摆手：你可拉倒吧，不用你了。你再给我栽上，不行我自己贴上。

谢广坤在剧中有点谢顶，因此特别在意自己的发量，头发成为他最为敏感的一个话题，也因此闹出了不少笑话。这一段谢广坤与永强娘的对话，将谢广坤对自己头发的重视程度传神地表达了出来，既搞笑又符合情理，经典的东北腔加上幽默的语言元素让观众会心一笑。

在《乡村爱情圆舞曲》第28集中，王大拿带着儿子王木生见杨晓燕的时候有这样一段对话。

王大拿：木生，来，正式给你介绍一下子。

王木生：爹，你先别说话。给我个机会我猜猜。（说着走到杨晓燕面前）这位是不是我妈？

王大拿：这不废话吗？也没别人，你老整一惊一乍的。认妈。

王木生脱帽：妈，你好。

（杨晓燕解释没有陪他们吃午饭的原因并请求见谅）

王木生：没事，我，我能挑（挑理）我妈吗？以后你就是我亲妈。（转向王大拿）太给力了。（对一旁的刘大脑袋）老刘，你看，你向我爹学习学习呀，你看我爹等来这么好一妈，你说你着急忙慌的，等个大酒蒙子（指刘大脑袋媳妇王云）整的。

由方言表达的幽默性是人物的行动与情景的喜剧性在语言层面的投射。也就是说，语言如果离开特定的语境、情节和人物，就很难表达出它真正的含义。电视剧中的幽默语言往往来源于真实的生活，由编剧提炼出来，在某些具体的语境中由具有某些特定性格特征的人物进行表达，那么就会具有一定的喜剧性效果。《乡村爱情》剧中每个人物都有自己的语言特点，共同构成了一幕幕令人发笑的经典对白。

三、东北方言的幽默效果

（一）语音的幽默性

东北人总给人一种豪爽、泼辣、幽默、风趣的印象，其实这种性格的形成与使用东北方言有直接的关系，东北方言从来都是直白和直通人心、质朴而纯真、不矫揉造作、不留余地的，就像东北人常说的那句话："可着劲儿造。"充满了张力和情趣，它能神奇地把人与人之间的距离缩短，让你永远都感到不用设防的亲切和真诚。东北方言语音是高亢的、有力的、特殊的，这与普通话有很大的不同。例如，平翘舌不分，把"是"读成"四"；"r"声母读成零声母，"真热"说成"真业"；声母"b、p、m、f"与韵母"o"相拼时，把"o"变成"e"；字词的声调特殊等。

第一，把普通话的阴平声调读成降平调。阴平声在普通话中应该读作高平调，可在东北方言中，都读作降平调，例如，"咱家那鱼塘快要到期了""他要承包""你这大过年的你也太抠了""耳边响起驼铃声""我是那雷劈出来的？"（《拜年》），再经过小品演员艺术化的处理，增添了浓郁的东北味。

第二，把普通话的阴平读成阳平。例如，"你还管他叫老姑父呢""老姑父你这是逼我呀""我说三胖子""那年我记得是 7 月份连天雨呐，那家伙从早上下一直下到中午，哇哇的"（《拜年》）以及"你把我坑苦了你，知道不知道？""哈哈，你可拉倒吧""那就拿着吧，要多少是多呀"（《卖拐》）。

第三，把普通话的阴平读成上声。例如，"没迷糊你搁那抓啥呢？"（《卖车》）。

第四，把普通话的阳平读成上声。例如，"我拿我媳妇儿，给你出题"（《卖车》）。

第五，把普通话的阳平读成去声。例如，"没少政案"（《年前年后》）、"别装了"（《老有少心》）。

第六，改变或添加声母、韵母。例如，"咱俩原来一个堡子的""就把我们那王八捞出来，挨个放血"（《拜年》）以及"美英合伙欺负人""还找机会向我暗送秋波呢"（《昨天、今天、明天》）。

东北方言语音的特殊性还有很多，正是这些方言的恰当使用增添了作品的艺术效果和感染力，让人们在笑声中感受到东北方言的幽默魅力。

（二）土语的幽默性

这些方言土语不同于普通话，极具特色、生动夸张，但不脱离实际，有着特有的张力。例如，对某个事物爱憎情感的表达，通过部分程度副词"挺""老""贼"

等几个词语的使用可以逐层增加，直至达到极致，可以不论褒贬。在语言中大胆使用土语，能够产生极强的幽默效果，例如，"挺好、老好了、贼好""挺次、老次了、贼次""挺带劲儿、老带劲儿了、贼带劲儿"等，听着使人觉得出其不意，但这种东北语言特色实在有着无比的魅力，自然增强了其语言的活力，使人在不知不觉间随之走进滚烫的东北话语之中。

在赵本山的小品中，"整"的用法很有代表性。"整"在东北方言里有着极强的表现力，口语交际中使用率非常高。例如，《牛大叔提干》中赵本山的"整两旬儿"中的"整"是"说、讲"之义；《钟点工》中宋丹丹的"你就搁家，整个网，上网呗！"中的"整"是"安装"之义；《心病》中高秀敏的"最后把他整到小匣儿"，小匣儿在东北方言中的特殊含义为"骨灰盒"，这里的"整"是"捆、放"之义。还有《昨天、今天、明天》中"海湾那旮哒挺闹心""就是人长得砢碜点"中的"旮哒、砢碜"，《相亲》中"咱们可到哪儿倒腾那后悔药去"中的"倒腾"，这些东北方言词汇淋漓尽致地显现出东北特色。

"忽悠"这一东北方言词语在小品《卖拐》中使用，被传至大江南北："我能把正的忽悠斜了，能把弯的忽悠直了，能把尖人忽悠茶了。能把小两口过得挺好，我给他忽悠分别了。今天卖拐，一双好腿我能给他忽悠病了！""忽悠"的本质是"不择手段坑蒙拐骗"，但是与"诈骗"一词比较起来，它好像更温和一些，具有调侃玩笑的含义。人们对诈骗犯的态度是痛恨，但对忽悠者的态度往往是一笑了之。实际上，在赵本山的小品出现之前，我们听到"忽悠"一词的第一反应是一种飘忽不定的状态或心态，可是现在"忽悠"给我们的第一印象是"搅和、闹腾、设圈套引诱上钩"。

"扯蛋"一词在赵本山小品《牛大叔提干》中是指扯出一串龟蛋面，实际上"扯蛋"亦可为"扯淡"，是指"胡扯、闲扯言"。

"拔凉拔凉"在赵本山小品《心病》中的使用，使人们了解了"拔"字的特殊用法，即对达到极致程度的一种表达，较多地用在"凉、冷"等字前，但绝不用在"热、好"等字前。

"敞亮"用在赵本山、小沈阳和毕福剑的小品《不差钱》中，是"大方直爽、明白事理"之义，而在普通话中本指"宽敞明亮"。

"饥荒"在普通话中的含义为"因粮食歉收等引起的食物严重缺乏的状况"。在小品《策划》中，"饥荒变四万了"中"饥荒"的含义便是"债务、债款"，东北方言里的"拉饥荒"就是"欠下债"的意思。

　　"扒瞎"是纯粹的东北方言词语，《卖拐》中"你别在那扒瞎，你甩掉鞋那回不是上人家偷小鸡让狗撵的吗？"中的"扒瞎"是"胡扯、撒谎"的意思。

　　"憋屈"与"委屈"是同义词，但"憋"字与"委"字相比，其"心情不舒畅"的程度更高，小品《钟点工》中"屋里太憋屈了，到城里一来谁都不认识了"中"憋屈"的使用，让人们充分了解了东北方言的表现方式。

　　"飞眼儿"是东北方言中极具动态表现力的词语，《钟点工》中"说我跟人那老太太飞眼儿了"，把动态的、活灵活现的眼神展现在大家面前。

　　"玩意儿"一词在东北方言中是个多义词，其具体意义需根据使用环境加以明确。其使用频率非常高，在小品《昨天、今天、明天》中使用了8次，在《卖拐》中使用了6次。其中包括几种意思：首先，代表东西、事情，如"喊啥大忽悠，今儿出来卖这玩意儿，别叫我艺名行不行？""什么玩意儿严重啊？"（《卖拐》）；其次，与"干啥"结合使用，没有具体含义，用法同于"呀"，如"欺负人你谢它干啥玩意儿？"（《昨天、今天、明天》）。

　　"咕噜"，马思周的《东北方言词典》中为"骨录"，小品《昨天、今天、明天》中"小街，这咕噜掐了噢，别播"，亦指"段、节"，当成量词来使用。

　　"咋"字在东北方言中属于使用频率极高的词语，就是"怎么"之义，单用个"咋"字不仅体现了东北方言用语经济的原则，而且把东北方言不虚伪的特质表现了出来，如小品《卖拐》中"哎，他咋麻了呢？"。

　　"掺言"就是"说话"，但比"说话"多了"插手、参与"的含义，更具生命力，如小品《拜年》中"你别老跟着瞎掺言"。

　　小品《拜年》中"嗯，拥故啥呀？腐败了？"中的"拥故"一词，在《东北方言词典》中字形为"庸乎"，是"因为"之义，"拥故"当为"因为"一词的音转。

　　"蒙圈"表示对某些事情犯迷糊，蒙头转向，不知所措的精神状态。例如，宋小宝在辽宁春晚《乡亲2》中的台词："海燕啊，我怎么蒙圈了呢？"

　　"脚前脚后"形容时间间隔很短。例如，王小利在《捐助》中的台词："刚回来，脚前脚后。"

　　"爱咋咋地"指随便别人怎么说或怎么做都无所谓。例如，赵本山在《昨天、今天、明天》中的台词："那倪萍就是我梦中情人，爱咋咋地！"

　　"白瞎"，东北方言中有"可惜、浪费；做了没用的事情（做无用功）"的意思。例如，在《卖车》中，范伟和赵本山的对白："大哥，你走前我给你一句话，你摊上这样个媳妇，白瞎你这个人儿了。"类似的东北方言词语还有"欢实""闹挺""腻歪""揪心巴拉""眼泪巴叉"等。

"完蛋"，是"没出息"之义，相当于一到关键时刻就掉链子。例如，《不差钱》中赵本山训斥毛毛的一段台词："哭，丫蛋，跟家哭得那么快，这完蛋，快点，来！"类似于"掉链子"的还有"掉架儿"。这些都是表示失败的状态的东北方言词语。

随着近些年东北与外界的交流增加以及教育水平的提高，东北人接触外语的机会非常多。东北人面对外语词语时也不改幽默本性，谐音翻译成东北方言，听起来非常好笑。例如，"good morning"被东北人读作"鼓捣猫呢"。东北方言中有"撩猫逗狗"的俗语，形容人不务正业，整天无所事事的样子，"鼓捣猫"在这里也有通过贬损他人来开玩笑的意思。东北人早上见面打招呼，一个人问："鼓捣猫呢？"另一个答："你也鼓捣猫呢？"一日之计在于晨，使用这句别致的问候语的人一定整天都是开心的。

赵本山在二人转拉场戏《一加一等于几》中也对英文进行了趣味化译音。例如，赵本山："跟乡长得说点时髦的，说点啥时髦呢？对了，乡长，故得儿白。这个好！故得儿白——这不是再见的意思吗？——乡长，乡长！——哎呀，太好了，乡长不在家。故得儿白，哈哈用上了！"李静："回来，谁说不在家？在家呢。"赵本山："完了，好不容易用上一句故得儿白，还白故得儿了。"赵本山来到乡长家里却没看到乡长，误以为乡长不在家，于是说了一句"故得儿白"转身就走，这里把"goodbye"说成"故得儿白"。事实上乡长在家里并叫住了他，这句好不容易想出的"时髦的""goodbye"用得并不恰当，因此"故得儿白"中的"白"在语义上成了"白白""徒劳"的意思——白故得儿了。

这类语言运用方式在小品《昨天、今天、明天》中也有表现，讲到老两口学外语后说话的方式变成了："哈喽啊，饭已 OK，下来米西啊。"再如，赵本山、范伟的小品《红高粱模特队》，范老师："把模特请上来吧。"赵队长："请谁？"范老师："模特。"赵队长："摸谁？"范老师："我在说英文嘛！"赵队长："范师傅，这是一位养鸡专业户，最害怕的就是鹰。"又如，赵本山小品《儿子大了》中的对白，儿子："你咋给他了呢，那是皮尔·卡丹的！"父亲："可不卡裆咋地。我穿卡裆，村长穿了也卡裆。"东北人在日常交往中把外语译音趣味化，与东北人骨子里好逗、好玩笑的本性有关。

（三）"贯口"的幽默性

"贯口"其实是对口相声中常见的表现形式，"贯"字就是"一气呵成，一贯到底"之义。这一表现形式经常被用于小品中，多指曲艺演员以很快的速度歌唱、背诵唱词或连续叙述许多事物，一般在不换气或不明显换气的情况下进行，使观众听后酣畅淋漓，兴味十足。赵本山的一些小品中就有"贯口"的特点。例如，小品《如此竞争》中有："停一停，站一站，瞧一瞧，看一看，《法制报》《故事报》、新出版的《电视报》。有传奇，有侦破，有讽刺，有幽默，供欣赏、供娱乐，受教育，开眼界。"这是典型的"贯口"技巧运用，闻其音，如见其人，人物形象刻画得入木三分。又如《昨天、今天、明天》中也有："九八九八不得了，粮食大丰收，洪水被赶跑。尤其人民军队，更是天下难找，百姓安居乐业，齐夸党的领导。国外比较乱套，成天钩心斗角，今几个内阁下台，明几个首相被炒。闹完金融危机，又要弹劾领导，纵观世界风云，风景这边独好。"这段"贯口"恰好浓缩了 1998 年一些国内外大事，原本枯燥无味的内容，这么一处理，立刻使人耳目一新，妙趣横生。看来，将相声的一些语言技巧恰当引入东北喜剧小品的创作，能够使小品更精彩、更幽默，而且从一定意义上说，还很好地延续了相声艺术的精神。

（四）"说口"的幽默性

以赵本山为代表的东北喜剧小品采用了合辙押韵的二人转式"说口"，这里所说的"说口"指二人转等曲艺演员上场后的一段说白。赵本山及其创作班子的人几乎都是唱二人转出身，有些虽不是二人转演员，但个个唱得字正腔圆，韵味十足。无疑，东北小品吸收二人转式的说口，最具先天条件，也最能更好地对其进行发挥、创造，从而形成东北喜剧小品特有的语言形态，更具幽默性。例如，《相京》中徐老蔫上台就来了一段二人转说口："我儿子净整这格路事儿，让我这当爹的替他相媳妇儿。现在都啥年代了，我这当老人的还掺和啥劲儿。不来吧，他就跟我来气儿。俺那儿哪点都好，就是有点儿驴脾气儿，这也不怪他，我也这味儿。"再如《钟点工》中，赵本山演的老人一出场也是一段二人转说口："睡得腰生疼，吃得直反胃，脑袋直迷糊，瞅啥啥不对，追求了一辈子幸福，追到手儿明白了，幸福是什么？答：幸福就是遭罪。"

不言而喻，这些极具口语化的乡音土语，通俗浅白、直来直去、朴实、不做作，保留了东北方言的原汁原味，具有民间性、大众性和真实性，散发着淳朴浓厚的东北生活气息，是原生态东北方言的再现，这种特有的语言表达方式巧妙、新鲜，令人忍俊不禁。

第二节　东北方言的生动特色

一、东北方言词汇量丰富

东北地区民族众多，加上历史上几次的人口迁入，促进了多文化多语种的交融，这使得东北方言的词汇量非常丰富。词汇对事物的描述生不生动，就看词汇能否从多方面来阐述同一个意思。东北方言的近义词很多。例如，平常喝酒时，我们说"喝一口"，东北人就能有"整一口""造一瓶""抿一口""舔一口"等表述方式；再如说打人，我们说"我打你"，东北人能说出类似意思的词句包括"我揍你""我捶你"等；这些近义词既生动形象，又大大丰富了语言意境，尽管表述的是同一个意思，也能体现出细微的差别，这就是语言词汇多样性的魅力所在。

东北地区幅员辽阔，四季分明，东北方言来源丁、植根于民间的日常生活，一方水土养一方人。东北人性格爽朗大气，在语言上表现为开门见山、生动、俏皮、幽默，充满浓厚的乡土气息，用语直接，绝不拐弯抹角，却又表意明确，概括力极强，这样的词在东北方言的表演艺术作品中很是多见。

例如，"噔噔的"形容很多、很紧、很重。《乡村爱情》中刘能说："谢广坤他要见着我，你说他能不得把尾巴给夹得噔噔的吗？"

又如"噔硬"一词，"这馒头都好几天了，噔硬的怎么吃？"

再如"带劲"一词，用来泛指值得夸赞的事物，形容其非常好，漂亮；精彩。小品《超级大明星》中小沈阳说："我正搁街上溜达，哎呀，有个小老妹儿，长得可带劲了，长得老漂亮了。"

"八竿子打不着"，比喻事情互不相干，毫无联系。《乡村爱情》中长贵说："谁知道啊！连点影儿都没有，八竿子打不着的事。"

动词如"打岔"，一是指有意或无意岔开话题。例如，"你别给我打岔，我问你，出门咋的？"。二是指用言行中断别人的说话或工作。例如，《乡村爱情》中皮长山说："我不是打岔，关键这水真凉了。"

"白嘹"指能说（通常指瞎说）。例如，"你别臭白嘹了，这个电话绝对不是那个内容，我去找了你们头儿去"；又如，"你真能白嘹，死人都能让你说活了"。

类似的还有"编笆"，指瞎说、撒谎。例如，《刘老根》中丁香说："你咋那么能编笆呢。"

再如"捯饬"，是修饰、打扮的意思。例如，《刘老根》中徐老蔫说："一到深圳，啥都兴奋了，再这么一捯饬，看我就有点不得劲了。"

名词如"红口白牙"，指某人若被别人出言中伤或诽谤，就会以"红口白牙"来责问对方。例如，《乡村爱情》中谢永强说："董事长，我请假了呀？"刘大脑袋说："你看你看，就说年轻人吧，气盛，红口白牙张口就说，你啥时候请过假呀你？"

又如"二脸皮"，也作"二皮脸子"，指厚脸皮、不知羞耻的人。在小品《主角与配角》中，陈佩斯说："那这半拉脸呢？"朱时茂说："不要了。"陈佩斯说："这可就是二脸皮了。"

此外，东北方言中一词多义的现象也比较常见。比方说"犊子"，本意指一种小牛，表示一种亲昵的感情色彩，有时"犊子"是中性词，视语境和对话双方的亲疏关系，如果双方比较亲密，"犊子"就代表一种亲昵的称呼。大多数时候，"犊子"是贬义的、骂人的，意思是让对方滚远点。"扯犊子"表示闲扯、不做正事，而"滚犊子"表示一种不耐烦的语气。在日常生活中，东北人特别喜欢使用反问句。例如，"走不走""来不来""回不回家""吃不吃饭"等。这些方言词语体现了东北地区独特的地域文化以及东北人豪爽的性格。

在东北方言中，"整"是个动词，从东北方言的语音特点来看这个词，简洁生动，符合东北人豁达、豪爽的性格。东北人说话时平翘舌音基本不分，舌尖前音（z、c、s）和舌尖后音（zh、ch、sh）相互混用，发这个"整"是舌尖前音。四声的声调变化没有普通话那样升降明显，调值往往不够，阴平发不到最高，去声也降不到最低，阳平和上声的上升部分也都达不到普通话的高度，感觉话语都是脱口而出，不矫揉造作。重音常常在前面的音节上，句式非常简短，而且发音有力。当然，"整"也具备一词多义的特点，具有如下意义：①你这是咋整的，怎么还干拉上了呢？（搞，弄）②这事整得多砢碜，还把我一撸到底。（办）③你小点声，别把孩子整醒了。（吵）④你们这样整，把我们吓死了。（做）在东北方言中，与动词"整"搭配的对象十分广泛，如"整事、整饭、整吃的、整酒喝"等。另外，动词"造""秃噜""作妖儿"等都可以在不同的语境中体现出它们一词多义。

"一愣一愣的"，有三种含义：①极做得来的。例如，"虽说杨司令轻易没发过脾气，可是克人也是一愣一愣的""别的不行，长跑可是一愣一愣的"。②不知所措的样子。例如，"把姑娘们唬得一愣一愣的"。③入迷的样子。例如，"维也纳的中国音乐，把老外听得一愣一愣的"。

"三七儿"有两种含义：①调皮寻衅、阴阳怪气的话。例如，"这人怪着哪，有个大事小情，他准跟着念三七儿"。②比喻起码的知识、情理。例如，"这么大岁数了，三七儿不懂，四六儿不分"。又说成"三七儿"赶集，"四六儿"不懂。（三、七非集日）。

"二乎"有两种含义：①（心里）犹疑。例如，"快去吧，你还二乎啥"。②疏忽。例如，"我把她说的事儿二乎啦"。

"八"在具体的语境中，也表现了词义的丰富性。①虚指最多、最大。例如，"一口八个不答应""抬出八辈祖宗"。②转用义为"乌有""没影"。例如，"你这话说到哪八国去了"。其中俗语"八字没一撇"表示事情很渺茫。

二、东北方言十分形象

东北土地肥沃，河流交织，森林一望无际。这样优越的自然条件促使东北自古以来以发展农业、畜业、狩猎和渔业等经济产业为主。东北物种丰富多样，常年生活在这片土地上的人们通过劳动和所见所闻创造出了动静两相宜的语言体系。东北方言不讲押韵，但富含感情，叙事性也非常强。将生活中一些常见的东西赋予其动词和静词的意思用来表达情感成为东北方言叙事的常见手段。这种手段简单直接，俏皮且听之余味不绝。

东北地区森林覆盖率高，森林中常有各种动物出没。东北人时常跟动物打交道，自然而然语言中多有动物，这些动物也被赋予了不同的意义。以老虎为例，东北虎是东北人的精神象征，东北山野中数东北虎最强，因此东北话中常见"虎"这个字。说一个人"虎"，指的是此人勇敢无畏，但也有些莽撞。"虎"变成不聪明的象征那是后话。在东北话中，熊是不受待见的一种动物。熊在东北话中被称为熊瞎子，经常破坏庄稼，危害人畜，因此东北人对熊没什么好印象。对于不喜欢的人，东北人会骂他是熊人熊货，形容一个人品行极差就叫作"熊样"。除此之外，老鼠、驴、猪等都在东北方言中时有出没。东北人管心眼多的聪明人叫"猴精"。

除了动物之外，人们常用的器物也是拿来做比的对象，以水瓢为例，由于过去的瓢都是葫芦砍出来的，样子像人脑袋，所以形容一个人呆头呆脑，东北话会说死葫芦脑袋等。

除此之外，东北方言的形象还表现在各种熟语中。例如，"不撞南墙不回头"指不碰壁决不回头，比喻做事特别固执。"苍蝇不叮没缝的蛋"指本身就有错误滋长的基因或空间，本身有缺点才被人利用。"打人不打脸，骂人不揭短"指打人或骂人时应顾及对方的脸面。"摁下个葫芦起来个瓢"指一波未平，一波又起，常用来指不好的事情一件接着一件地发生。"隔着锅台上炕"常用来形容某些人做事越过必要的中间环节。"板上钉钉儿"往往指事情的结果非常明了，已经确定。"包子有肉不在褶上"，包子有肉都在馅里，从外皮的褶上是看不出来的，常用来指某人有能力、有实力却不表现出来，深藏不露。"不能指着在一棵树上吊死"常用来比喻遇事要多动脑筋、多想办法，不能一条道走到黑。"不会走先学跑"是说还没等学会走，就想学跑了，常用来形容人做事、做学问，基本的东西都还没有掌握，就想搞高层次的东西了，含有讽刺意味。"打开天窗说亮话"是说把窗户打开，亮亮堂堂地说话，常指开诚布公地讲话，比喻做事、说话不隐瞒自己的观点。"躲过了初一，躲不过十五"常用来形容事情的发生不可避免。例如，"你躲过了初一，也躲不过十五，只是时间早点儿晚点儿的事"等。

另外，东北方言中的动词十分形象。例如，各有分工的吃类动词，用于满足东北人对"吃"不同的表达诉求，不仅具体细致，而且形象生动：①天天攮揉，我看你能干点啥！②秃噜完了就去学习去，听话。③吃饭别夹咕，快点吃，磨磨蹭蹭的。④可劲儿造，不够一会儿我再做。⑤垫补一口得了，一会儿还得吃饭呢。在这些例子中，表达说话人对对方"吃"的不满，用"攮揉"；突出表达吃的声音和吃的食物，用"秃噜"；表达吃的速度慢和吃得漫不经心的状态，用"夹咕"；表达吃的量大，用"造"；表达在正式吃饭前暂时解饥的吃，用"垫补"。

当然东北方言中的吃类动词使用情况较上述几种例子更为丰富，如果将上述吃类动词换成普通话中的"吃"：①吃完了就去学习去，听话。②吃一口得了，一会儿还得吃饭呢。表达不出东北方言中如此丰富的语用义，甚至"夹咕"不能换成"吃"。东北方言中的吃类动词数量丰富，各具特色，能够满足不同人对"吃"的描述的诉求，让东北人对"吃"的表达更加形象生动，同时这些吃类动词通俗活泼，富含地方生活气息。

三、东北方言的画面感极强

东北方言的生动特色还表现在其具有较强的画面感。例如，一些歇后语："三九天穿单裤子——抖起来了""土豆炖酸菜——硬挺""黄鼠狼下豆鼠子——一辈不如一辈""门槛子栓兔子——里外乱蹦""巴拉儿狗吃碗碴子——满肚子瓷儿"。在这些民间歇后语中，前半句都是生活中可以见到或想到的实际事物和场景，而后半句往往语出惊人般地道出了语言的中心与核心，并且是看似有关联的前后两句，但在说出道理和真谛时给人以反转的特殊效果，让听的人不但易懂，而且能想象出丰富的画面。例如，形容心情忐忑的一句"里外乱蹦"，前半句用兔子这种以跳跃方式活动的常见可爱的动物加以"门槛"这样区分室内与室外或庭院内与庭院外的门的部位，就使得这种"里外乱蹦"没有一丝尴尬。再如，"巴拉儿狗"的前缀"巴拉儿"使"狗"这一名词马上带有东北方言口头语的亲切感。"吃碗碴子"就是指吃碗打碎后的碎片（东北也叫"碴子"，用于形容玻璃碎片），虽然大家知道这种情况是不可能发生的，但丝毫不会觉得这话说得荒唐，反而有助于对后句"满肚子瓷儿"的理解。"瓷儿"同"词儿"，实际就是形容人话多，而且说得颇有道理。同音不同意的"瓷儿"就是东北人说话生动、幽默的智慧所在，毫无关系就这样变成了顺理成章。

四、东北方言中儿化音的使用

在东北尤其是农村，儿化音的使用往往居多，特别是名字或名词的使用上。例如，名字"小四儿""小陈儿""小张儿"多用来称呼年轻人。再如，"出门儿""有人儿""去哪儿""办事儿"等。这种儿化音的使用会比普通话"出门""办事"等说起来更为轻松，不显得凝重，有一种生动又亲切的感情，说得真真切切，听得活灵活现。

儿化音是东北口语的一大特点，而东北的口语式叫卖中就掺杂着儿化音。例如，"冰~糖~葫~芦儿~""嘎嘎~甜！的瓜儿~"。显而易见的是，在儿化音与叫卖语完美融合的状态下，叫卖语显得更加亲切，语言的动态性更强，话语更加生动。

东北人在语言表达上，从不吝啬夸张的语言。不论要表述的事情是好是坏，东北话都会以极大的张力使被表达事物的性质扩大化。词语的意义如果不仅能抽象地反映所指的对象，而且有形象的反映，即含有形象色彩部分，那就能够清楚地指明对象，有助于人们具体认识事物对象，这也是一种特有的感情色彩。例如，"贼"字在普通话里所指的是小偷，偷东西的坏人，为贬义之词。但放到东北方言中则表示达到极致的情形，不论褒贬。加之以"贼"字，就表现得极致了。"贼好""贼香""贼闹心""贼带劲儿"等，都把"好""香""闹心""带劲儿"的程度扩大化了，可以明了表达作者的心情。还有夸张的语气词，例如，"哎呀妈呀"表示惊讶。这些词汇都使表达者直抒胸臆，倾听者闻之有力。以上也许就是人们喜爱与东北人"侃大山"的原因吧。

第三节　东北方言的艺术价值

一、东北方言生动形象且具有极强的表现力

东北地区的经济结构主要是以农耕、渔猎为主，在这片黑土地上，人们不断辛勤劳作，而且大多数东北人生活在农村，劳动促使东北方言由静至动、由抽象至具体转化。东北方言无论是表达情意还是叙事说理，很少用静态的、抽象的词语，而经常使用生活当中那些具体的、可以触摸的形象词语来表达，可以说是由静态的语言转化为动态的语言，由抽象的语言转化为形象生动的语言，不仅语意明朗，表现力、感染力极强，而且带有浓厚的感情色彩。

例如，东北地广人稀，深山老林常有野兽出没，因此，在东北语言中常以具体的动物做比，并赋予其各种不同的含义。比如，东北人爱东北虎，东北话中虎也多，说"这人虎"，一个"虎"字，形容这人是勇敢而又鲁莽的，后来引申为不精明；东北人不喜欢"熊"，欺负人叫"熊人"，无能叫"熊货"，贬低样貌或人品叫"熊样"；用"耗子眼""鸭子嘴""驴蹄子""鞋拔子""猪腰子"等形容人的长相；用猴子的聪明来比喻人，形容一个人心眼多、精明，东北方言称作"猴精"。东北生产的粮食吃不完一般都要储存起来，部分粮食储存时间久了就变成陈货或是变质了，因此用"陈芝麻烂谷子"来形容积累多年的不好处理的琐碎事情。东北人家里习惯用葫芦来制作成盛水的器皿"瓢"，用"摁下葫芦瓢起来"形容忙于应付接二连三出现的事情（一般指不好的事情）。还有以物喻物的表述方式，比如，把抽象的"呆"就人身说，有"灌铅脑袋""榆木疙瘩脑袋""死葫芦脑袋"；话说得详细逼真用"有鼻子有眼"来形容。

再如，东北农村关于秋收劳动扒苞米的方言有"扒瞎""掰扯""黑瞎子掰苞米"。毫无根据地乱说、说谎，东北方言称作"扒瞎"，扒出来没长苞米粒的空棒子，叫作"瞎苞米"，用"扒瞎"来指责并替代说谎；扒苞米的过程需要把苞米叶一层一层地剥去，到最后方见分晓，东北方言用"掰扯"来形容说理争辩。"黑瞎子掰苞米"指人像熊一样笨拙，每掰一棒苞米就放到腋下夹着，掰第二棒时，第一棒苞米掉在地上，如此最后只得到一棒苞米，比喻做事只贪求进度和数量，而不求质量和实际效果。东北方言"回楂"，例如，"你咋还越活越回楂了

呢？小时候那精神头都哪去了？"（赵本山小品《相亲》）过去人们穿鞋大多是自己家做的布鞋，做完鞋，通过鞋样子量脚，大约和脚型差不多就行了，然后用木头楦子楦鞋，一般是鞋脸前边一块，中间一块，脚后一块，把这个三四块木楦都楦在鞋壳里，然后不断地往上加木块，这叫打楦子。有时候打完楦子，用脚一试，觉得仍不合适，有点小或有点挤还得重新打一次楦子，这重新打楦子的过程，就叫回楦，以此来表达越来越差、不如从前。

东北方言个性特征与文化表达的多样性使其成为我国优秀方言表演艺术作品生生不息的源泉。方言在表演艺术作品中的使用是对特定社会背景下的日常生活规律的极力探索，是对特有文化背景下的特定文化心态的一种别出心裁的发掘，通过这一过程来力求反映出生活的真谛。东北话与普通话发音相似，那种变调的普通话语言特色，既使观众可以听懂，又让人觉得新鲜恰当，从而使艺术作品中的人物形象更丰满，使人物性格表现更加突出，或直爽不羁，或憨厚淳朴，或爱占小便宜，或稀里糊涂，从大方面的性格到细小的人物特性，都表现得活灵活现，从而更接近生活原型。

正是由于有语言的存在，观众才能更好地理解和欣赏表演艺术作品。语言是表演艺术作品的重要组成部分。方言作为语言艺术的一种，同样具有很大的意义。东北方言这种地域式的声腔词汇丰富、模式独特，很有个性，同时还有很多比普通话能更贴切地表情达意的俏皮话，具有高度的形象感和幽默感，像正话反说、以骂示亲，都可以在东北话中找到例子。东北方言说起来生动风趣、别具一格。

根据表演艺术作品中人物的特点，适当地使用一定的方言土语，会收到很好的效果，这样做不仅能更加贴合人物的生活原型，让观众觉得与人物走得很近，而且能使艺术作品中的人物形象更丰满，使人物性格表现更加突出、活灵活现。

近几年很火的东北题材表演艺术作品中，涌现出一大批棱角分明、栩栩如生、脍炙人口的人物形象，比如，电视剧《刘老根》里的刘老根、丁香，《马大帅》中的马大帅，《乡村爱情》里的谢大脚、刘能，《樱桃》中的樱桃、菊花……无不受到广大观众的欢迎、好评，而这些观众的赞誉不仅离不开演员出色的表演技巧，更离不开那浓浓的、醇冽的东北方言台词和对白。

电视剧《刘老根》中丁香的台词就很有特色。例如，她想在山庄工作，就问刘老根："你咋安（nān）排我呀？"后来在山庄工作与人为敌被停职，丁香又说："这事整得多硌碜，还把我一撸（免职）到底。"看到刘老根和韩冰谈话吃醋："你俩说啥？咋和跟她摸摸（me）搜搜的。"通观全剧，我们就会发现，丁香这一角色的台词不仅反映了生动有趣、真实的东北方言，还能感染观众、感动观众。通过这部电视剧，观众看到了一个在爱情上爱使小性子、爱吃醋，感性而泼辣，在工作上处处维护心上人的利益，偶尔耍耍小孩脾气的俏皮可爱的女性形象。

电视剧《乡村爱情》讲述了典型的东北新农村生活中的家常故事，剧中语言全部采用铁岭地区的东北方言，很好地突出了人物个性，很有感染力。剧中的经典台词脍炙人口，经久不息。在《乡村爱情》中，在长贵和刘能帮助谢大脚免受李福欺负时，有这样一段精彩的对白，长贵说："消停对你有好处。"刘能说："靠边站着是你唯一的出路。"长贵说："任务艰巨。"刘能说："决不含糊。"长贵说："坚持到底。"刘能说："保证完成任务。"这段对话将这两个人物性格完整地表现了出来，使观众既可以看出长贵对谢大脚的感情，也可以看出刘能善于逢迎的性格特征。只是短短的几句话，不仅产生了极大的幽默效果，也使观众对角色的特点有了更为鲜活的认识。

又如，范伟主演的电影《求求你，表扬我》中，有这样一段对话，范伟："你们应该表扬我。"对："为什么？"范伟："我做了好事。"对："你做了什么好事？"范伟："特别大的好事。"对："什么叫作特别大的好事？"范伟："救过人。"对："你救人了？大人小孩？"范伟："姑娘。"对："你做好事就为了得到表扬吗？"范伟："做好事就应该表扬，因为表扬完了有人就幸福。"对："有人？不是你啊？"范伟："不是。"对："你说什么叫幸福？"范伟："什么叫幸福？幸福就是——我饿了，看着别人手里拿着肉包子，那他就比我幸福；我冷了，别人穿着一件厚棉袄，他就比我幸福；我想上茅房，就一个坑，你蹲那了，你就比我幸福。"这一问一答，充分表现出范伟饰演角色憨厚、淳朴的性格特点。

二、东北方言表意丰富且生动

（一）丰富性

东北人在生产劳动、农耕狩猎的过程中，创造了很多意义丰富的词汇。人口的迁移使不同民族、不同区域的人们千百年来共同生活在东北这同一个文化地域之内，相互交流，互学互补，彼此融合，也造就了东北方言表意巨大的丰富性。我们大概总结为以下两点。

1. 一个词用多个词来表现

例如，在东北喝酒可以说"整""闷""倒""抿""造""舔"等，运用这些词汇编出的劝酒词也别具一格，如“感情深，一口闷；感情浅，舔一舔”；再如，说打你，也说揍你、捶你、擓（hǎi）你，又具体说捅你一指头、碓你一杵子、杵你一拳头、抽你一鞭子、擓你一杠子、削你一扁担。近义词的丰富无论是从语义的轻重还是从感情色彩来看，都能通过不同的词语显现出细微的差别，比如，“逃跑”这个动词，在东北方言有“蹽了”“挣缨子”“撒丫子”，“看”这个动词，在东北方言有“瞭（liào）或瞭（liáo）”、“白（白了她一眼）”、“摩（mā）耷”，后两个词都有对对方不满或是不尊重的意味。许多方言是有音无字的。

2. 一个词有多种含义或赋予某个字或词一些新的意义

例如，“犊子”一词，本意是指“小牛”，在东北方言中有时带贬义，有时为中性词，有时可能代表一种亲昵，在不同的语境中，视关系远近有着不同的词义和色彩。“扯犊子”不是扯“混蛋”，而是闲扯、不干正事；“滚犊子”意思为从眼前赶紧消失，有点不耐烦、咒骂的语气；长者爱护甚至溺爱晚辈，那就是“护犊子”；“完犊子”是说人窝囊没用，连牲畜幼仔都比不上。“够呛”一词含义丰富，在不同的语境当中意义不同：①难以忍受、难以承受。如“今天跑步，累得够呛”。②没有把握，很难做到或不容易实现。如《乡村爱情》中谢大脚说：“为民除害啊，那我看够呛！”③过分，不讲究。如“你这人真够呛，那么大的人怎么能和孩子抢东西”。④生命即将结束。如“我看这个人够呛了”。在东北方言中，“整”字几乎是万能的，有“做”“搞”“弄”等意义，也可以在具体的语境中表示更加丰富的意义。普通话中的“贼”，原本是个名词，但在东北方言中却当作程度副词来使用，意思是特别、非常、很，“贼漂亮”“贼带劲儿”，用“贼”这个词来形容，感觉程度加深了，同时也体现出东北方言浓厚的感情色彩。普通话中的“奸”用作形容词时是个贬义词（狡诈、邪恶），但在东北方言中形容一个人“奸”，贬义色彩转为了褒义色彩，意思为“聪慧”。“老鼻子”一词，并不是“老年人的鼻子”或是“老的鼻子”的意思，而是“非常多、特别多”的意思。

（二）生动性

民间语言之所以被叫作民间语言，是因为它与普通话不同，说起来更自然，更贴近生活。东北方言是东北民间口头语言，有的方言只有发音，没有文字。作为一种独具特色的文化形式，东北方言的艺术内容比较丰富及多元，语言非常形象和生动，能够实现不同语言形态的有效组合及分析，确保话语的抽象性、生动性以及形象性。动词在东北方言中的体现较为显著，大部分东北方言中的动词主要以取动性的单词作为主体。以"扒瞎""掰扯"和"拔犟眼子"三个关键词作为典型案件来例证，三者都被认为是专门用来描述和形容一个人的各种心理状况的且极其抽象的术语。"扒瞎"这个词来源于我国农村在秋收期间扒苞米这种特殊的劳作，扒开了没有长粒的空棒子，称作"瞎苞米"，引申意思就是指责并代替扯谎，不但表达得生动准确，而且带有浓厚的感情。同理，"掰扯"也源自扒苞米的辛勤劳作，苞米的叶子在扒的过程中需要被一层一层剥去，到最终才被揭开看到苞米，用来描述刨根问底，辨别其真伪，也是十分形象生动的。东北方言是一种活泼激动的语言，它的幽默有趣表现出一种形象的动感与力量。例如，"掏心窝子话"就比"心贴心"更加生动形象。而且东北方言结合不同的语言转化形式，确保语言表达的形象性和生动性。东北方言还有一个极为形象的用来形容"吓破了胆儿"的名词——"麻爪儿"，主要是为了表达"动不了"的意思。在东北方言中，如果出现了许多问题及障碍，同时无法找到正确的解决手段，那么则会用"麻爪儿"来表达相关的境地和思想。用相对感性一点的认知来解释：在老鼠洞前放一只野猫，野猫"喵"的一声，给老鼠们吓得一动不动，那此时老鼠的样子就是"麻爪儿"，身体蜷缩，还直打哆嗦。一旦说到东北方言的形象生动性，就不得不提到一个在美食家之间出现频率相对比较高的热门词汇——"老鼻子"。美食家需要关注自身的嗅觉、味觉，提升自身的灵敏度，凭借嗅觉和能力来准确评价美食，因此东北方言中将这一群体称为"老鼻子"。另外，在人类文明进程不断加快的今天，"老鼻子"也成为师傅们的代名词。用东北方言说人比较多，也会说："老鼻子人了！"由此可见，东北方言的最大特性就是精准、不啰唆。

　　东北方言之所以被称为东北方言，是因为它与现代的普通话不同。尽管如此，东北方言却是与现代普通话最为接近的。东北方言与北京方言是同根同源的兄弟语音，东北方言是隶属于官话的，地域上的间隔和接壤关系使得东北人的谈吐和说话方式口音更加接近现代的普通话，尤其是越往北越标准。不管你来自哪里，东北方言都能被人们听懂，但南方的方言不一样，如果你不是当地的人，他们一旦说起话来，可以说是一点都听不懂的，这就给近些年来东北方言在中国和世界各地的广泛传播发展提供了一个必要条件。东北话很具有传染性。就连著名钢琴家郎朗的妻子吉娜，一个德国和韩国混血的外国人，因为嫁给了地地道道的中国东北人，一讲话都是满满的东北味儿了。

三、东北方言构词方式多样且感情色彩浓厚

东北方言是通过历史的熔铸、自然的陶冶、劳动的锤炼而逐步形成的，其构词方式与普通话有相似的地方，也有其自身的特点，方式灵活多样，表现出极为浓厚的感情色彩。

首先，在东北方言中，普通话的个别字失去了原本的意义，作为程度副词来修饰形容词，如"溜"光、"确"紫、"稀"泞、"精"湿。

其次，丰富的词缀增强语言表现力。东北方言一些虚语素作词缀具有很高的能产性和鲜活性，不仅使东北方言具有抑扬顿挫的律动，还增强了语言的形象性，能够生动地描绘人或物的状态和情貌特点。

一是"—巴"附加式。在普通话中，"—巴"附加式如"尾巴""结巴""泥巴"等词语数量很少，东北方言中却很多。

由"巴"作词缀构成的词语可以是名词、形容词，也可以是动词，一般具有贬义色彩，表示强调语气，它们的重叠方式基本上是按照普通话的规律，形容词的重叠形式是 AABB 式，动词的重叠形式是 ABAB 式。"巴"还可以放在一个词的中间部位作虚语素，既有贬义色彩，又表示强调语气。如虚头巴脑（说话、做事不实在）、费劲巴力（很费力的样子）、吵吵巴火（大声嚷嚷）、老天巴地（年老体弱的样子）、猴头巴相（瘦小难看）等，这类词都是表示状态的形容词，借助一些具体可见的事物来描摹人或物的形态特点。例如，"虚头巴脑"借助人的头脑来突出人的虚情假意，"老天巴地"借天、地来形容人的老态，这一类词的所代和所指相关性不是很强，而像"吵吵巴火"用火的热度来突出吵的程度、"猴头巴相"借猴子样来形容人瘦小难看的样子，具有很强的想象力。

二是"—乎"附加式。在普通话中，"—乎"附加式如"在乎""合乎"等词语数量很少，东北方言中却有很多。"—乎"附加式词根一般为形容词或动词，加"乎"后除具有补足音节作用，大多还具有消极含义，并具有强调语气作用。形容词能进行 AABB 式重叠，动词能进行 ABAB 式重叠。

三是"—子"附加式。在东北方言中，"—子"附加式的词语表示嘲讽、贬义之意，如醋篓子、矬巴子、矬地缸子、贱皮子、黑瞎子、棺材瓤子、大学漏子、土包子。东北人性格豪爽、风趣、泼辣，东北方言有着幽默、生动、粗糙、有张力的鲜明特点。在人们的潜意识中，只有亲近的人才能互相"揭短"、开玩笑。东北方言中的玩笑话语形式较多，其中包含指责、嘲笑，但玩笑的形式又弱化了这一点。东北人之间具有"攻击性"的笑骂和贬低意味着说话人之间非常熟悉、

亲密，没有隔阂、芥蒂，有巩固情感和使气氛轻松的效果。另外，"一子"附加式的词语还表示亲昵之意，如你小子、老爷子、丫头片子。"丫头片子"有时含有轻蔑的意思，但在交谈中可以表现出"无奈、宠溺"的意思，如"你这小丫头片子，真拿你没办法"。"你小子"可以表现出长辈对晚辈或同辈的亲昵。"老爷子"不作为"父亲"的意思讲的时候，也表示称呼的人对被称呼的人感到亲近。

东北人性格风趣幽默，生活中喜欢逗趣、开玩笑，表现在话语中就是喜好运用比喻、夸张等修辞形式。因此东北人形容人或物经常用已有的词汇，如形容人的词语"醋篓子、矬地缸子"中，"篓子、缸子"都是可以独立运用的词语。在表达这类意思时，就不需要重新创造词语。这也是在东北方言中词缀"子"与其他词缀相比构词能力不强的原因。

四是"一啦吧唧"等复合词缀附加式。东北方言中有很多单音节性质形容词可加上复合词缀构成状态形容词，比如，"一啦吧唧""一啦光叽""一啦嘎叽"等。这类词缀有很强的构词能力，其前面是单音节的形容词（傻、短、贫、红等）或名词（水、皮、猴、驴等），而且具有贬义色彩，如虎啦吧唧（做事莽撞）、贫啦吧唧（爱耍贫嘴）、红啦吧唧（不接受的颜色）、腻啦吧唧（过于肥腻）、毛啦光叽（做事草率）、湿啦光叽（不干爽）、皮啦嘎叽（调皮）、猴啦嘎叽（瘦小、爱动）等。这类词都由前后两部分组成，可以根据不同的需要，替换生成新词，而且所替换的部分可以根据某种性质而聚合在一起。如"酸啦吧唧、甜啦吧唧、苦啦吧唧、咸啦吧唧、淡啦吧唧"，其中"酸、甜、苦、咸、淡"具有共同的味觉性质。加"啦吧唧"或"啦光叽"构成的词指说话者对他人或事物的消极评价或情绪，一般含有不喜欢、厌恶、抵触等消极情感。

再次，多音节词丰富。东北方言和普通话不同，普通话主要以双音节词为主，东北方言则不是，东北的地域文化使得其造词具有很大的随意性，这就产生了很多很奇妙的多音节词。例如，"杨了二正"，这是在说一个人做事不用脑子，每天不知道自己在做些什么；"二虎八鸡"，这是在说一个人傻，做事方式比较冲动；"吭叽瘪肚"，这是在说一个人说话结结巴巴，表达不清楚，语无伦次；"五脊六瘦"，这是在说一个人怎样待着都不舒服，只能呆板地坐着；"埋了八汰"，形容人或事物脏；"吐鲁番张"，形容一个人办事不利索，前后不一致，不讲信用，不值得信赖；等等。

最后，叠声词的妙用。东北方言重叠式动词从结构类型上分为 AABB 式、ABAB 式、AA 式。在语音方面，动词后缀都读为轻声。ABAB 式中的 B 读为轻声，AABB 式中都是重读音。在语用表达方面，本地人在使用家乡方言的时候，一般都是在日常生活中使用，体现生活化的气息。这样的语言幽默而又活泼，即便有冲突的时候，使用方言也会使气氛轻松，矛盾消解。下面我们来试做具体分析。

第一类，AABB 式，举例如下。

叽咕：小声嘟囔。具体例句如下：①两个人都是碎嘴子，一遇到事情就愿意在角落里叽叽咕咕。②你叽叽咕咕啥呢？有什么事当面说。

哽叽：不高兴地小声抱怨。具体例句如下：①说他两句就不高兴，在那里哽哽叽叽。②他那人一点都不大方，总是哽哽叽叽，像个女孩。

第二类，ABAB 式，举例如下。

磨叽：反复地纠缠。具体例句如下：①你明天再和他磨叽磨叽，没准儿他就会答应你了。②小米想要个新手机，在他妈妈那磨叽磨叽了好几天了。

呱叽：鼓掌。具体例句如下：①为了感谢她的精彩演出，我们一起呱叽呱叽。②小姑娘很害羞，伙伴们都呱叽呱叽，让她有一点信心。

第三类，AA 式。AA 式的动词形式可以是重叠动词或叠音动词，在这里我们需要把 AA 式动词限定为重叠动词。举例如下。

龇龇：傻笑，露出牙的样子。具体例句如下：①这帮小子指定是干坏事了，一个个的在那龇龇呢。②他在一旁龇龇着，没人明白他坏笑啥呢。

咧咧：咧嘴哭。具体例句如下：①别在那跟我咧咧，考试都不及格。②坏事干了这么多，有脸咧咧！

AA 式的动词形式多指它所描述的动作发生的时间较长，强调动作的连续性。AA 式的动词形式能够强化意义，强调这个动词表达的动作状态，允许接宾语。在普通话中，AA 式重叠动词表示试一试，东北方言中的 AA 式动词表示人的动作状态。举例如下。

叨叨：唠叨。具体例句如下：①她没完没了地在那叨叨。②整天就那几句，能不能别叨叨了。

吧吧：不停嘴地说。具体例句如下：①她习惯吧吧别人的糗事来取悦自己。②屋子里的女人们总是在吧吧女明星的八卦。

AA 式动词是东北方言的一大特色，不同于其他方言。在东北方言中，AA

式动词的口语化色彩非常重，在书面用语上一般很难见到。"正在演讲的她由于太紧张以至于说话都直突突。"从这句话，我们就能想象出说话人对演讲人的担心，突出了东北方言表达的形象感、画面感，有了更加生动的感觉，非常有层次感。

以上主要是从构词方式来分类的，还有很多词语表达的意思在普通话里却没有，如"敦实"；而在多数情况下，普通话中的词语在东北方言中就是另一种说法了，如人们比较熟知的难看（硌碜）、找对象（说媳妇）、生气（急眼）、爽快大方（敞亮）、寻找（撒摸），等等。

四、东北方言真实直白且夸张而不脱离实际

很多东北方言来自劳动、生活，人们直抒胸臆，不拐弯、不做作，所以人们用东北方言表达思想感情的时候往往显得尤为真实、直白，略有夸张而又与劳动、生活息息相关，不脱离实际。

例如，形容一个人忙，不说"忙得不可开交"，而是说"忙得脚打后脑勺"或"两脚不沾地儿"。就实际而言，无论怎么忙，脚也打不着后脑勺，也不会跑起来两脚不沾地，这就是夸张的说法。形容两件事毫无关系，不说"风马牛不相及"，而是说"八竿子打不着"，这源自农村的打鸟活动，八竿子都打不到鸟的关系还不疏远吗？"拽着猫尾巴上炕"的意思是人极度劳累，这也显然言过其实，小猫的力量是微小的，连小猫的力量都要借，显然夸大其词。然而，这种极度夸张的表达方式，来源于生产生活，达到了一种既强烈又真实、既夸张又实际的效果。

在表演艺术创作中，人物语言使用方言土语，既与艺术表达的特定视角吻合，又能传达出作品全方位的信息，表现艺术的真实性和生命力，真实反映生活，又超越原有的具体生活。东北方言隶属于北方方言，十分贴近普通话，原汁原味，幽默风趣，生动活泼，豪爽直白辛辣，语义丰富幽默，具有独特魅力。东北方言在表演艺术作品创作中的语言优势又在哪里呢？这主要在于它丰富、生动的方言土语能够很好地突出乡土气息，充分挖掘了生活中的口语，且语气随意，十分有亲和力和地方特色。具有乡土气息的东北方言拉近了观众与表演艺术作品之间的距离，使得艺术作品的真实性大大增强，令人倍感活泼生动。真实是艺术的生命，因为只有真实可信的艺术才能打动真实的人。因此，表演艺术作品的创作，首先要做到的就是将作品的真实性与艺术性高度统一起来。

使用东北方言的表演艺术作品之所以能受到观众的喜爱，与其生活化的东北方言不无关系。它们无不将东北喜剧小品的语言幽默与电视剧艺术进行了创造性的有机结合，使用了生活中鲜活的口语和简单的对话。例如，东北方言喜剧小品（尤其是赵本山的小品）在央视春晚舞台上取得了巨大的成功，那些短小的对话，如"干啥呀""整""爱咋咋地""哎呀，我的妈呀""傻样儿"等直白、诙谐、贴切的东北话的频繁使用是其成功的一个重要因素，使整个舞台充满了浓厚的东北乡土气息和生活气息，既显示了东北小品俏皮诙谐的风格特色，又拉近了演员和观众之间的距离。《刘老根》《马大帅》《东北大将军》《乡村爱情》《樱桃》《老大的幸福》等农村题材系列电视剧也充分发挥了这一特点，好像让观众看一部连续小品，人物都使用了东北方言，风趣、幽默的台词比比皆是，充满了浓厚的生活气息。在这几部农村题材的电视剧中，东北地方语言的特点是较多口语词，句式短小灵活，多岔段和跳脱，拉近了观众和演员之间的距离，使观众大笑不已。在东北小品中，除了出场时有大段的独白外，都是东北日常口语。"那啥""干哈""埋汰""咋的了""膈应""怎么地吧""旮旯""小样儿"等词语在电视剧中得到了充分运用。这些方言台词增强了电视剧的幽默性，带给观众以亲切活泼的观感，带来了意想不到的效果。东北方言虽然听起来土气十足，但却使人倍感亲切，人物说话的语音、语气和语调幽默活泼，蕴含着在白山黑水中生活的东北人特有的东北文化，生动、鲜活的东北方言具有十分旺盛的生命力，这也使得剧中人物语言具有强烈的幽默因子。

东北方言在表演艺术创作中带给观众以亲切活泼的观感，能起到事半功倍、锦上添花的作用，喜剧效果非常明显。对东北人来说，运用东北方言的表演艺术作品就像自己熟悉的日常生活，对其他地区的人来说，看起来还挺新鲜，同时由于东北方言接近普通话，听起来也不陌生，这就使得艺术作品的艺术真实与生活真实达到了高度统一。如果在以东北农村为背景的电视剧中，让东北农民说着一口普通话，摒弃鲜活的东北方言，又如何让观众看得津津有味、捧腹大笑呢？没有了那些出色的带有家乡味的经典对白，就失去了其轻松愉悦的特质，变得平淡无奇、暗淡无光，这样的结果不仅使真实性无从找寻，也会对收视率起到很大的负面影响。对东北题材的农村电视剧来说，东北方言的真实性确确实实具有不可忽视的作用。

从原有的文学艺术作品的分析和研究来看，人物的语言表达不仅可以窥视文化价值选题背景下的地域特色和文化历史特点，还可以表现作者创作的动机。运用东北方言的艺术作品将幽默感和地域文化有机结合在一起，因此，很多人对东北话的理解和掌握还是较容易和全面的，在一定程度上削弱了人们在了解东北方言时出现的多重障碍，为东北方言的地域文化传播奠定了良好的基础。在聆听东北方言时，人们可以直接体会东北地区独特的风土人情，蕴含着深层次的文化意义和价值，凸显东北文化浓郁的幽默感以及独特的风俗习惯，极具感染力和亲和力。这些存在于东北地区山野乡村、风俗习惯中的东北语言，弘扬了独具特色的地域文化，推动了东北方言的发展，促进了南北方的文化交流和融合。

第五章　东北方言的地域文化体现

东北方言具有简洁生动、粗犷豪放、幽默诙谐等特点。这种体系开放、丰富多彩的语言与东北地区的地理位置、自然环境、经济基础、人文历史、文化背景、民族构成等有着密切的关系。本章分为东北方言对东北人性格的反映、东北方言对东北地域文化的折射两部分。

第一节　东北方言对东北人性格的反映

一、语音的特殊性反映出东北人的率直与质朴

有人说东北人讲话高亢有力、抑扬顿挫，既不像北京人那样温文尔雅，也不像江南人那样柔声细语，东北人喜欢放开嗓门，高声谈笑，粗犷豪放。接下来从以下几个方面进行分析。

第一，平翘舌不分。东北方言的语音特色之一是平舌音和翘舌音的混合使用。平舌音是指舌头平伸，抵住或接近上齿背，发出的 z、c、s。翘舌音是指舌尖翘起，接触或接近前硬腭，发出的 zh、ch、sh、r。普通话中翘舌音使用较多，而东北方言中使用平舌音较多，其两者混合使用主要表现为以下几种情况：①"r"读成"y"。东北方言经常将声母"r"读成"y"，例如，东北人（rén）—东北（yén）、闷热（rè）—闷热（yè）等。②"z""s"与"zh""ch""sh"。东北方言中的"z""c""s"与"zh""ch""sh"的区分界限不明确，常会将平舌音发声为翘舌音或将翘舌音发声为平舌音。例如，咋（zá）整—咋（zhǎ）整、攒（zǎn）钱—攒（zhǎn）钱等，这些都是较为典型的词语。

第二，调值的变化，阴平变阳平，阳平变去声。例如，"老姑（gú）父你这是逼（bí）啊！""别（biè）老说人坏话"。

第三，很多零声母音节加上了生母"n"。例如，"你咋给我安（nān）排都

118

行""就把我们那王八捞出来挨（nǎi）个放血！""妈，你给我熬（nóu）点皮
冻吃呗"。

第四，儿化音使用得非常频繁。东北方言的另一大语音特色是儿化音多频率
地使用。在普通话中，儿化音具有区别词义和词性的功能，在区别和辨析词性作
用的语言环境下，需要运用儿化音的时候一定要运用儿化音，如果不遵循规则，
就会产生词语或句子的歧义。儿化音主要包括两方面含义：一是儿化音表示喜爱、
亲切的感情色彩，例如，脸蛋儿、花骨朵儿等；二是表示少、小等状态或性质，
例如，米粒儿、门缝儿等。在东北方言中存在诸多儿化音词语，带有强烈的直白
夸张的感情色彩，例如，沙棱儿、赶紧儿等。

从以上几个方面总结东北方言语音的总体特点是重、硬、直、浓，反映出东
北人率直与质朴的性格。

二、极具表现力的词汇尽显东北人的粗犷、热情、豪爽

（一）普通话个别字的变音彰显东北人的粗犷

上街（jiē）叫上街（gāi），干（gàn）啥（shá）叫干（gà）啥（há），也
作嘎哈。

人们最为熟知的一段对话，就是两个东北人在大街上因为一个人不小心碰到
了另外一个人，于是就吵了起来——

A：你嘎哈？

B：没嘎哈！

A：没嘎哈你嘎哈？

B：嘎哈也不嘎哈！我说我嘎哈就是没嘎哈，你这是嘎哈？

结果，其实谁都知道这种争吵是没有结果的，也没有什么实际的意义，两个
人都不"嘎哈"就完了。

（二）词意丰富的动词传达东北人的热情

东北方言中词意最为丰富的动词是"整"，酒桌上经常听到"往里整"，这
里的"整"就是"喝"（酒）、"干"（杯）的意思，"干"在程度上只是一般
的提酒或劝酒，而"整"给人的感觉是无论能不能喝都要喝下去，它比"喝""干"
更具表现力，更有力度，程度更深；在饭桌上常听到"可劲儿造"，"造"在这
里有"吃"的意思，"造"给人的感觉是尽可能地多吃、吃到不能再吃了，"造"
比"吃"的程度更深。两个词反映出了东北人的纯朴与热情。

（三）表示程度的叠声词尽显东北人的豪爽

东北方言中也存在大量的叠音词，主要分为 AA 式、ABB 式、AABB 式、ABAB 式、ABAC 式等类型。这些东北方言的叠音词不但表达的是与普通话中的叠音词相近的感情风格，而且略带夸张的语气色彩，含有一种平易亲切的贬义情感。东北地区物产丰富、资源众多，给当地人们带来无比的优越感和自豪感。加之，东北人还需要克服漫长而又寒冷的冬季、复杂的地形条件等，面对恶劣的自然环境仍保持积极乐观、自强不息的生活态度。东北人具有积极乐观、情感风趣的性格特征，也使得其使用的语言带有强烈的幽默感和思想情感，尽显东北人的直率与豪爽。

第二节　东北方言对东北地域文化的折射

一、物态文化

物态文化指人的物质生产活动及其产品的总和，是看得见摸得着的、具体实在的事物，如人们的衣食住行，这些都在东北方言惯用语中广泛体现着，呈现出东北人民生存的物质状态。

（一）饮食文化

东北地区黑土地广布，土壤肥沃，好山好水的滋养再加上东北人民的智慧，使得这里的美食别具风味，成为不少游客心心念念的地方美食。在种类繁多的东北特色美食中，最具标志性的当属酸菜。酸菜实际上是白菜经过特殊的工序腌制而成的，东北方言中将腌制酸菜的过程称为渍（东北方言读"jī"）酸菜。除了酸菜之外，东北还有很多腌制的菜，比如，腌鸭蛋、腌萝卜等，这些菜经过腌制后可以保存到来年春天继续食用，这一饮食习惯也与东北地区的气候条件有关。冻梨是东北人冬季爱好的美食之一，在冬季寒冷的户外，梨子被冻得像石头一般硬邦邦的，根本咬不动。因此，在食用之前需要将冻成一坨的冻梨放入凉水中将冰融化，这样冻梨就变软了，东北人将这一过程称为缓冻梨。"缓"在这里是动词，有"融化"之意，比如，"把冰箱里的冻肉缓一缓"。除了冻梨之外，冻苹果也是东北冬季常吃的一种冰冻水果。"饽饽"源自满语词汇，是由黏米做成的一种食物。在东北地区，人们将黏米面、小豆和苏子叶混合，制成一种满族特色食品，称为"苏叶饽饽"，又因其形似耗子（东北方言中将"老鼠"称为"耗子"），也被叫作"苏耗子"。

通过上述三种东北地区特色食品的列举，我们能够发现在自然条件的限制下，东北地区的饮食文化有其自身的特点，尤其是具有少数民族的色彩，这些方言词汇在饮食文化中的体现也正是民族融合在东北方言中的体现。

（二）居住文化

不论是吃饭、睡觉、祭祀还是举行其他活动，都要以居室为基点。居住文化是物态文化的重要组成部分，是人类文化的核心，也是一个地区人们心理的综合反映。整体布局上落地成院、墙体厚重，建筑材料上就地取材、简单加工是东北民居的主要特点。东北房屋选址依山傍水，常常有狐狼出没，伤害人畜，为此加强房屋外部防御十分必要，篱笆寨也就应运而生。惯用语如"一筐木头砍不出一个砦子"中的"砦子"指的就是木头杖子。东北山高树茂，人们就地取材，直接把圆木作为杖子，其牢固结实整齐美观，能够有效地保证人畜安全。房子是民居文化的标志，土壁草房是东北传统民居文化的一大特色，以"茅连草舍"形容它的简陋最为贴切。其覆盖房顶所用之草容易采集，像稻草、谷草等或莎草、黄茅等野草，茎长、又少、不易腐败，不论房前屋后都随处可见，就地取材经济实惠又方便。其墙体多为土坯垒成，土坯制作过程简易便捷，将有一定黏性的黄土同被铡刀切成短块的细软草加水混合，闷制半天使得泥与草在充分浸泡之后黏合在一起，再用二齿勾搅匀放进固定模子中，在阳光下晒干即可脱模用来垒屋砌墙。还有一种制墙方法是"干打垒"，在固定好的两块木板中间加入黏土，用脚踩实，随后用大镐或榔头夯土，最后撒入羊角草。不论是土坯还是干打垒，都是垒墙成房的方法，黏土和软草的结合使墙体厚重，结构严实，冬暖夏凉，外表土气但实用性极强，是人们合理利用自然资源的又一产物。

随着经济的发展、社会的进步，出现砖瓦房，"三天不打，上房揭瓦"是居住质量提高的间接表现。谈到东北居住文化，必然涉及糊在屋外的窗户纸和室内火热的东北大炕。"窗户纸不捅不漏"是指其结实柔韧，东北窗户纸是一种麻纸，其所用原料如芦苇、蒲棒等皆来自本地，经过碾压、淘洗等一系列工序制作而成，再用胶油、苏子油等喷涂，防潮防水，在增强室内亮度的同时也能抵挡室外的寒气，是因地制宜的成功实例。当然，在外人看来，本该在室内的窗户纸却糊到外面，让房子看起来像大白块，这简直是一大怪。冬季东北室外寒冷，室内则需靠火炕取暖。火炕搭建方法简单，搭建材料易得。民族不同，火炕形状也不尽相同，

121

满族多是"万字炕"，朝鲜族的炕则是"一字型"，也叫满屋炕，汉族的炕是"二字型"，呈平行状，即南北炕，这些炕的形状虽不同，但搭建方法、材料皆相同，基本功能也一致，即提高室温，抵御寒冷。东北人离不开火炕，无论是生存繁衍如孵小鸡、生豆芽、育秧苗，还是发面、下酱、榨豆油，都需发挥火炕的加热保温功能。以"炕"语素构成的众多惯用语如"压炕头子""上了人家的炕""隔着锅台上炕""傻小子睡凉炕""省了柴，凉了炕""拽着猫尾巴上炕""不知道哪头炕热乎儿""炕上一份，地下一份"也足以证明炕在东北人心中的重要地位。

（三）建筑文化

东北的建筑文化是与东北的严寒特点紧密相关的。东北有一句俗语叫"口袋房，万字炕，烟囱出在地面上"，说的就是满族的传统居室。为了抵御严寒，房子坐北朝南，大多东边开门，形如口袋，便于取暖。屋内南、北、西三面有火炕，称为"万字炕"。现在的建筑对传统格局有继承也有改善。"地窨子"最早是赫哲族人的原始居所，赫哲语是"胡日布"，主要在冬季寒冷时居住，现在一般指室内地面低于室外的低矮简陋的小房子，门窗一般设在阳面，屋内有的搭铺，有的搭炕，现多作为渔猎时的临时住房。东北还有一种称为"马架子"的简陋住所，以树木为支撑，上铺树枝，抹上草泥，室内只有低矮的地铺，就地生火取暖，外呈马鞍形，旧名为"马架子"，多为看护瓜菜时的临时住所，也叫"窝棚"。

（四）用具文化

东北地区的用具很有特点，其中之一是"悠车儿"，也叫"悠车子"，是指悬在半空中可以悠荡的摇篮，是满、鄂伦春、达斡尔等民族的传统育儿工具，在东北汉族农村地区也比较流行。悠车儿的四壁有彩绘，有的在悠车儿的绳上系着铃铛和玩具，这也是东北的三大怪之一"养个孩子吊起来"。"爬犁"（雪橇）是东北林海雪原中重要的交通工具，有牛爬犁、马爬犁等，其中最著名的是赫哲人的狗爬犁，赫哲人称之为"金不换"。现在东北地区的一些地方还可以看到狗爬犁，不过大部分已经成为旅游景点的特色项目了。

另外，东北的山水、城市、动植物等以少数民族语言命名的也有很多。例如，"乌苏里江"，"乌苏里"是满语"天王"之意，意即"顺流而下"；"佳木斯"是赫哲语，意为"尸体"，相传这里为古代的墓地，在佳木斯东郊曾发现过金元时期的墓群；"高丽参、高丽果"，高丽是朝鲜历史上的一个王朝，现在多用于指朝鲜或朝鲜的物产。

二、制度文化

制度文化指人们在社会实践中建立的规范自身行为和调节相互关系的准则。制度文化不同于物态文化是可见的、具有实体的文化，它是一种处理社会关系的、复杂的文化产物，具体包括政治、经济、文化、教育、法律、家族、婚姻、军事等制度，不同时期拥有不同的制度文化。以下从政治制度和经济制度两个方面对东北方言惯用语所蕴含的制度文化进行简述。

（一）政治制度

旧时东北缺乏独立的高度文化，一直处在中央政治体制的控制之下。高度集权的君主专制强调尊卑有别，把人分为三六九等，即使是在文明社会的今天，等级观念也一直留存在人们的脑海之中，以贫富差距决定人的社会阶层，在东北方言中有许多反映政治地位和社会身份的惯用语。从古至今，官员都被人们敬仰，他们的贴身之物也随之成为权力和地位的象征。如"戴缨帽"，比喻人的身份地位尊贵。缨帽是清朝官吏所戴的帽顶上有红缨的帽子，能戴缨帽之人一定是官员。缨帽是官职大小的一种象征，普通百姓看见缨帽也就明白了拥有此物之人身份尊贵，必将恭敬待之。"抓印把子"，比喻人从政，手中有权力。为什么印把子是权力的象征呢？因为在古代不论是皇帝还是臣子都有印，印上有一个"纽"，即人们口中常说的印把子。印对于官员十分重要，当了官却无印，代表没有实际权力，也就无法被人们认可。如果某个官员的官印被收回，就表示他被罢免，所以手中抓有印把子证明权力在握，掌管政权。在过去，官员的身份尊贵显赫，高于地主阶级。从等级来分，地主分为两种：一种是具有较高社会地位、享有政治特权的大地主，他们多凭借世袭地位强买强卖土地；另一种是庶民地主，社会地位低，多与官吏勾结，打压剥削百姓。不管他们等级如何，都为百姓深恶痛绝。出自东北作家高玉宝的《半夜鸡叫》中的"周扒皮"成为地主阶级的代名词。地主阶级丑恶贪婪，以高额租金出租土地使人们生活于水深火热之中。秋收之际，地主阶级常指使人去农户家中索要租金，这种替地主跑腿作恶之人被人们贬称为"狗腿子"。同样，为地主看门护院之人被戏称为"看门狗"。把人贬低成动物，可见此类人在社会中的地位最是低贱。

以上所列举的多与人地位显赫、有权有势相关，还有一些反映人身份低微、无权无势的惯用语。例如，"穷棒子"比喻穷苦之人。"棒子"在汉语里本义是指挖参人，穷棒子即穷挖参人。人参珍贵稀少，按理说挖参定能增加收入、改善生活，为什么还要称之为"穷"呢？据语言学家马思周先生解释其穷义是从朝鲜族借用而来的，过去挖参人多是为官府服役的无业丁夫，寒冬酷暑缺衣少物，死后也只能葬身荒野，十分悲惨，将朝鲜族的穷义移植过来更能突出挖参行业的悲凉。当然，这些挖参人与身份低微、无依无靠的穷苦人没有什么区别，所以现在其所指范围扩大，泛指一切穷苦之人。再有如"穷光蛋""泥腿子""矮半截""耍扁担""大老黑"等惯用语都是描述人无权无势、备受冷落、地位卑微的。

（二）经济制度

经济的发展一直以来都关乎国家的繁荣富强、民族的伟大振兴和人民的幸福安康，直接影响社会的方方面面，被人们高度关注。新中国成立后，国家完成社会主义改造，取消了生产资料私有制，建立了社会主义公有制经济，使公有制经济占绝对的主导地位。在此基础上，东北形成了硬性的计划经济体制。国家的大力扶持和东北自身具有的丰富资源，短时期内使东北地区一跃成为国内最大的工业基地，其工业实力雄厚，经济体系较为完善。然而，此种高度集中的经济体制一切遵照政府指令，受其影响，东北人形成了较强的服从依赖心理，靠政府，靠单位，小富即安，一定程度上缺少创新意识和自主意识。词汇本身就是"晴雨计"，记录着变革时代的脉搏的跳动，我们可以从中考察一定历史时期的一些社会现象和人们生活的某些事实。同样，语汇也具备记录的功能，作为语汇构成部分的惯用语，将这一特殊时期的历史如实地记录了下来，直至现在，仍被人们口头使用，也说明了计划经济的根深蒂固。如"铁饭碗"，顾名思义，饭碗是吃饭用具，陶瓷材质的饭碗很容易破损，但铁的饭碗却不容易被打破，故以此来比喻稳固的工作。计划经济下，人们的工作由国家分配，进入岗位后实行终身制，工作稳定，收入无忧，不用担心失业，所以人们都想拥有此饭碗。现在，仍有众多家长希望子女能够捧得此碗，如此，生活才能得到保障，安稳无忧。"饭碗"也成为工作的象征，成为计划经济时代特有的词语，如"金饭碗"，比喻不容易丢掉的职业或工作。"打破碗"，比喻把赖以生存的工作丢掉了。"寻饭碗"，比喻寻找稳定牢靠的工作。"抢饭碗"，形容与他人抢工作。同样反映东北计划经济的惯用语还有"吃皇粮"，本义指吃国家饭，比喻工作人员拿国家的工资"吃大锅饭"，不加区分地平均享用劳动成果。

三、历史文化

方言是当地历史文化变迁最有力的佐证，也是一个地方的文化魅力所在，现代方言的许多特征只有联系地方历史文化才能够正确地理解。东北方言是北方方言的分支，说话腔调接近现代汉语普通话，但东北方言也有着自身的文化特色，它的形成受多种因素的影响，历史发展就是其中之一。

东北地区有着近 2000 年的移民文化，在这一过程中，中华文化深深影响了东北方言。从秦汉时期的移民迁入到女真族两次入主中原，再到明清时期移民由入关到出关的回流，以山东地区为主的流民齐闯关东，构成了东北方言的复杂性和独特性，形成了东北地区独特的关东文化。因此，在现代的东北方言中，我们依然能看到很多东北以南（主要是京、津、冀、鲁）各地的方言，如"撒丫子""胰子"源自北京方言，分别意为"放开脚步跑""香皂、肥皂的统称"；"客（读作 qiě）"源自山东方言，意为"客人"。

东北地区幅员辽阔，除分布有汉族外，还有很多其他少数民族，是一个多民族聚居区。据史料记载，先秦时期，东北地区的古代北燕朝鲜方言是汉语的一种方言，这为东北方言的形成奠定了基础；随后，在经魏晋、隋唐历史几千年的叠加后，东北地区的汉语方言不断发展，进入新的方言历史时期；元明清以来，汉族及少数民族南北流动加速，尤其是清军入关以来，关内大量失业的农民涌入东北，促进了满汉民族融合。因此，东北方言的特点之一就是语言体系中保存着大量当地少数民族的语言成分。如"奤拉""撒楞"来自满族语言，分别意为"下垂""麻利、行动迅速"；"老疙瘩""昌图县"来自蒙古族语言，分别意为"兄弟姐妹中排行最小的""永不干涸的湖"；"卡伦湖""嘎拉哈"来自锡伯族语言，分别意为"关卡""髌骨"；"齐齐阿尔"来自达斡尔族语言，意为"落雁"。此外，东北方言中还有一些来自朝鲜族、赫哲族、鄂伦春族等少数民族的语言成分。

四、行为文化

（一）节日习俗

节日习俗是在长期历史积淀过程中形成的，是一个国家或民族重要的文化组成部分。从古至今，在漫长的历史长河中，不同民族有不同的节日习俗，其背后有深刻的文化内涵。东北自古以来就是少数民族的聚居地，如满族、朝鲜族、蒙古族、回族、达斡尔族、赫哲族、锡伯族等众多民族世代居住于此，地域不同造成各民族的节日习俗又各具特色，如满族的药香节、虫王节，蒙古的那达慕，朝鲜族的回婚节、回甲节，回族的开斋节、古尔邦节，达斡尔族的抹黑节，锡伯族的西迁节，鄂伦春族的古伦木沓节，赫哲族的鹿神节等，这些民族的节日具有鲜明的民族性和地域性。随着汉民族的融入，东北各民族都拥有了共同的节日——

春节，这一点可从记录社会历史事实的东北方言惯用语中窥探一番。东北的年味最浓，持续的时间也最长，从小年开始直到正月十五元宵节都属于春节范围。小年当天，各家各户都要祭拜灶王爷，以"灶神""灶王"为语素构成的"倒灶神""肚子疼怨灶王爷"等惯用语，是在人们祭拜灶王爷的岁月中形成的。小年过完之后，人们开始马不停蹄地置办年货。如"办嚼裹儿"是指操办做好吃的，多指在过年期间置办的吃食。辛苦一年的人们必然会购买许多吃食，特别值得一提的是杀年猪，离开了肥猪年味就减了一半，热乎乎的杀猪菜也是东北人心中最美的过年记忆。到了年三十，"过年磕"人人挂在嘴边，祝福吉祥的话语能在新的一年给人带来好运。除此之外，人们也迎来了团聚时刻，吃年夜饭，如"谁家过年不吃顿饺子"，东北人过年吃饺子早已是不可动摇的习俗。饺子形如元宝，象征着富贵吉利，且音同"交子"，是新旧交替、辞旧迎新之意，过年吃到饺子也预示着新的一年大吉大利。到了正月十五元宵节，家家户户会在门前挂一盏大红灯笼，惯用语"满堂红"本义指红绢灯笼，点亮后通体又红又亮，以此象征日子红红火火。还有一些与节日习俗相关的惯用语，如"搭鹊桥"来源于七夕节，在这一天，牛郎织女会在鹊桥上相会；"错上坟"来源于清明节，清明是祭拜祖先的时节。从东北方言惯用语所反映出的节日习俗可以看出，东北各少数民族的节日已与汉民族的节日无差别，这是大量汉民族人口进入东北后民族间相互融合的结果。

（二）婚丧嫁娶

婚姻是人类社会一种特殊的文化现象，是指在特定的习俗惯例或法律的约束下，男女结为夫妻的一种社会制度，包括婚配的对象、嫁娶仪式、婚后家庭地位、夫妻忠贞等内容。婚姻是维系家庭的纽带。首先，东北方言惯用语反映出的东北婚姻有五种形式：①媒人说媒。以"牵红线"为例，如果男方家相中某家女子，即请媒人到女方家说亲，这就是所谓的牵红线，促成男女之好。②定娃娃亲。以"轧亲家"为例，在孩子幼小时，两家父母感情相投，便私下为儿女包办定亲，结成儿女亲家。③男方入赘。以"倒插门"为例，女方家父母无子嗣，或年事已高、孩子幼小，便会娶女婿承担家业，之后改为女方家的姓，被称作上门女婿。④自由恋爱。以"轧马路"为例，自由恋爱的男女在街上溜达闲逛或是一个人骑车载着另一个人在街上游逛，就被称为"轧马路"。⑤姑舅表亲。以"还骨肉""还骨头"为例，已出嫁的女儿把自己所生的女儿嫁回娘家，这是以血缘关系为基础的连亲，是亲上加亲的表现。在双方定亲前，有一些嫁娶的风俗习惯，需备好男女的生辰八字。东北人讲迷信，惯用语"犯说道""方老婆""方丈夫"等就是表达违反相关民俗后招致厄运。东北人认为,八字相合,婚姻会幸福美满,随之就会举行婚礼。娘家人认为"嫁出去的女儿泼出去的水""嫁鸡随鸡,嫁狗随狗",女儿出嫁后就成了婆家人,过得好坏都是命中注定的。婆家人尤其是婆婆则认为"多年的媳妇熬成婆",在旧时这是表达媳妇进门后,要看婆婆眼色行事,忍气吞声不容易,直至自己的儿子娶妻成为婆婆才能扬眉吐气,现在在东北则是表达对儿子娶到媳妇,家中添丁进口的一种喜悦心情。其次,婚后的男女地位、夫妻之间的忠贞和生活得是否幸福美满也都在惯用语中有所体现。东北妇女的家庭地位比较高,丈夫平时也比较听从妻子的话,惯用语"吹枕边风""告枕头状"意指妻子在丈夫跟前说别人的不是,一般丈夫都会听取。另外,与妇女力量大、丈夫惧怕妻子相关的惯用语如"半边天"本义指天空的一部分,比喻新社会的妇女力量巨大,能支撑半边的天空。

"气管炎"取"妻管严"的谐音,指丈夫惧怕媳妇。"拴马桩"比喻能约束住丈夫的妻子。"量炕沿"指丈夫受罚时,跪到炕沿上,炕沿略高于炕面,坐着舒服,但跪着效果就不一样了,这和跪搓衣板有同样的效果,在东北这是对怕老婆的男人的俗称。还有反映夫妻和睦的惯用语有"全家福""连理枝""并蒂莲"等。但不是每家每户都是幸福美满的,婚姻出现破裂,如形容夫妻之间存在不忠贞行为的惯用词有"戴绿帽子""有一腿""插杠子"等;感情无法维持只能离婚,惯用语称为"打八刀"。生死事大,人们把死亡看得如同出生一般重要,死亡不仅是个体的生物事件,也是文化事件。在丧葬文化中,东北人对死亡是极为忌讳的,这一点在惯用语中有所体现,"进棺材""办后事""爬大烟囱""钻席筒子"是对人死亡的委婉说法。也有一些与丧葬风俗有关的惯用语如"过河钱",指老年人应急用的体己钱,特指丧葬的费用。东北人的葬礼虽然简陋,但也不失礼节,没有丧葬钱不免会被人笑话子女不孝,有失面子。"倒头经"是指人死时请和尚或道士念经,以超度亡灵,希望逝者能够平安去往自由国度,这也寄托了对逝者的哀思。"哭丧棒"指出殡时孝子拄的棍子,父母逝去儿子过于悲痛难以支撑,故拄着棍子出殡。"抢孝帽子"指人去世后亲属在第一时间争前恐后地戴孝帽子,不然会被视为不孝。

(三)休闲娱乐

人们在满足了物质需要后,开始追求精神上的愉悦和充实,提高生活的品位。加之东北特殊的自然环境,猫冬和农闲时间长,游戏与娱乐成为人们打发时间、促进身心健康的方式,所以休闲娱乐活动历来受到东北地区的人们的重视,这些活动贯穿于人们的生活，之后成为口头使用的惯用语。东北的休闲娱乐活动主要有两种：一是民间游戏，多是小孩参与；二是群众性娱乐活动，多为成年人参加。

1. 猫冬

猫冬，满族残留语言，"猫"即躲藏起来，"猫冬"的意思为躲在家里过冬，泛指躲在家里不出门。曾有人形容东北的生活是"三个月过年，三个月赌钱，三个月种田，三个月干闲"，这样说虽然有些夸张，却有一定的道理。"猫冬"一词体现了东北地区人们的生活状态、生活习惯，包含东北地区不同于其他地区的地域文化。

东北地区猫冬的习惯与其自然条件和气候条件是分不开的，冬季严寒漫长，不能耕种，户外活动也受到很大的限制。虽然农作物是一年一熟，但东北地区的耕地面积大，年均粮食产量足够一年食用，特别在东北农村，秋收之后就步入了农闲时节，即便在城市里，人们在冬季的户外活动也相对较少。在这漫长的猫冬日子里，人们总得为自己找些事情，于是赌钱成为猫冬日子里必不可少的活动。一般赌的钱数不大，但比较普及，东北人并不将这看作赌，而是看作玩，看作一种娱乐，其中麻将、扑克是主要的娱乐方式。在农村，各家住得都比较近，在赌钱时往往会有其他人前来观看，有的还你一言我一语，非常热闹。要是遇到吃饭、临时有事等情况，旁观的人随时可以接替，把这种现象看作东北地区的一大特色也不为过。

2. 抓嘎拉哈

在东北，儿童经常玩的一种游戏叫作"抓嘎拉哈"，"嘎拉哈"源自满语，是羊、猪、鹿、狍、牛、骆驼等动物后腿关节上的小骨头做成的一种玩具。为了使嘎拉哈更美观，人们一般给嘎拉哈涂色，通常涂红色为多。嘎拉哈有四个面，东北人将嘎拉哈的四个面分别称为坑儿（凹面）、肚儿（凸面）、宝儿、玄儿，利用上下左右四面的变换进行游戏。玩法是先将嘎拉哈散开，抛起小布口袋，在口袋抛起的时间里，依次翻动嘎拉哈的四个面，或按规定个数抓起嘎拉哈，嘎拉哈不同的面有不同的累计标准，以此来决定胜负。而玩法中难度最高的是抓四样，所谓四样即四个面的嘎拉哈各有一枚。因为四个不同面的嘎拉哈在随机散落时很难靠运气形成，在口袋抛起的时间里，要从随机散落的不同面的嘎拉哈中分别抓完四样嘎拉哈而又不碰其他嘎拉哈，极其不易。过去的东北女孩大多都会玩嘎拉哈，嘎拉哈也是大姑娘小媳妇之间互相赠送的礼物，所以她们的成长记忆总是和嘎拉哈联系在一起。

3. 扇啪叽

在东北，儿童经常玩的另一种游戏叫作"扇啪叽"，啪叽是印有各式各样图案的圆形纸壳，图案大多是动画片中的人物。玩法是通过石头剪子布来决定谁先开始，对手将啪叽放在地上，先开始的人使劲用手中的啪叽去扇对手的啪叽，力求把对手的啪叽打翻，如果打翻了，地上的啪叽就归获胜者，如果没打翻，就要由对手来扇。此游戏男孩子玩得比较多，玩的时候大家还会一起吆喝，很是热闹。

4. 放爬犁

"爬犁"又称为"雪橇"，是东北林海雪原中广泛使用的一种交通工具，有马爬犁、牛爬犁、狗爬犁等，其中最为人们熟知的是狗爬犁。狗爬犁是赫哲人的一种主要的交通工具。爬犁除了作为交通工具之外，也作为娱乐的一种方式。在冬季，人坐在爬犁上，从坡上滑下去，称为"放爬犁"，这种娱乐方式深受人们的喜爱。同时在东北的一些滑雪场、冰雪大世界等场所或旅游景点中，爬犁成为人们热捧的娱乐项目。

（四）宗教信仰

宗教信仰是传承文化的重要组成部分，它是指信奉某种宗教的特定人群对其所信仰的神圣对象由崇拜认同而产生的坚定不移的信念。在广袤无垠的东北大地上，萨满教是最为古老、最有影响力的原始宗教。萨满教是因通古斯语中将沟通人与鬼神的中介巫师称为萨满而得名的，最初形成于母系氏族社会，在原始社会后期日臻完善。东北先民早期面对多姿多彩、变化莫测的大自然感到迷惑不解，无法释怀，故将自然人格化，认为其具有神秘力量，自然界的各种现象都是有灵的。在最初的"万物有灵"观念的指引下，先民开始崇拜自然界中的动植物，时间久了又认为自己所在氏族与自然界中的某一物象有亲缘关系，因此出现了图腾崇拜的现象。东北先民还认为人死后灵魂不灭，因此产生了祖先崇拜的习俗。在东北方言惯用语中，与萨满教相关的惯用语有：①"跳老虎神"。老虎有凶猛残酷的特点，在跳大神的过程中，如果被虎神附体，跳神之人也就是萨满就会呈现虎的蹿跳和咆哮行为，狂躁凶悍，使围观者恐慌。从另一个角度来说，不管老虎神是什么形象，显灵后自会离开萨满身体，后用来比喻大吵大闹耍蛮横，逞一时威风的样子。②"胡三太爷，胡三太奶"。萨满教崇尚自然，认为自然界的山、石、树木都可以为神，保佑一方平安。东北人十分迷信狐狸，不敢直呼其名，因此取其谐音为胡，以表达尊敬之情。现在狐狸多为地方神，在民间广为流传信奉，以求其庇佑。在东北还有一种特殊的动物，学名为黄鼬，民间称之为黄皮子。东北人对黄皮子也同样具有崇拜之情，因其特殊的防卫气体能够迷惑人，使人思维错乱、胡言乱语，所以人们也将其奉为黄仙。以"黄皮子"为语素构成的惯用语有"打不着黄皮子反惹一身骚""黄皮子下豆鼠子"等。以上这些动物都是东北民间崇拜的动物，长久以来，人们对这些具有灵性的动物进行供奉，带有强烈的图腾崇拜的色彩。以惯用语"捅楼子"为例，据民俗学者江汉力先生解释，"楼子"是人们在院子角落搭建的用来供奉各位仙家的以砖砌成的一尺多高的小房子，小房子有三扇门，房中铺着稻草，每个门口前供有白色的白瓷酒盅，众仙家如蛇仙、黄仙、刺猬仙等都居住在此，逢年过节必被人祭拜供奉。如果破坏了仙家的居所，就会招致灾害，所以"捅楼子"用来比喻惹祸，引起纠纷。

五、心态文化

心态文化是指人们的社会心理和社会意识形态，包括人们的价值观念、审美情趣、思维方式以及由此产生的文学艺术作品。心态文化是文化的核心部分，也是文化的精华部分。以下具体阐述价值观念和审美情趣两个方面。

（一）价值观念

东北地区地广人稀，自然资源丰富，生态环境好，易于人的生存。广袤的大平原，多年的渔猎、游牧和农耕生活，使得东北人形成了靠山吃山、靠水吃水的生存意识形态。东北地区与国内江浙等沿海地区相比，经济相对落后，在经济形态上还处于农业文化的氛围中，人们的思维方式、生活态度、价值观念等都具有浓郁的农业文化气息。在广大农村，人们脸朝黑土背朝山，存在浓厚的"土地情结"。人们愿意固守家园，满足于"三亩地，一头牛，老婆孩子热炕头"的知足常乐的生活方式。农业文化是束缚东北人价值观念的主要根源，而语言是社会的产物，在东北方言中，大部分都是典型的、地道的农民的语言。下面收录的是一段农村老支书的话：

农民种地交粮，天经地义……都精神点儿，别都像卖不了的秫秸往那一戳，蔫头耷脑谁欠你二百吊似的。平时拉屎像锄杠那么粗，狗见了都害怕，狠劲上熊啦！完不成征购粮任务，谁也别消停！再说了，咱这一马平川的地界，攥一把土都出油，插根筷子都发芽，只要你肯卖力气，咋能不打粮？咱老农就得实实惠惠的，别当二混子、懒蛋子，一年汗珠儿掉地摔八瓣儿，临秋末晚可别闹个白捞毛……

在东北方言中，东北人喜欢用血缘关系、亲戚关系来称呼人，这是东北农业文化的一个特征。假如你是外地人，在东北地区刚下火车，就会被热情的东北人围住："大哥大姐吃点儿饭吧，包子、馅饼、大米粥都是热乎的，刚下火车怪累的。"一席话说得你似乎到了亲戚家，只好进去吃，否则不好意思。在东北，不论你是先生、小姐、老板、太太，还是处长、经理、教授，都可以被称为"大叔、大爷、老姑夫、大妹子、咱哥们"等。这些被人认为土得掉渣的东北话，与东北人的文化观念、价值观念有关，是血缘意识、亲情意识在语言层面的反映。

（二）审美情趣

审美情趣也叫审美的倾向性或心理定向，是涉及想象、情感等诸多心理功能的高级心理能力。一个地区的人们的审美情趣是长期历史积淀的结果，深藏于人的内心之中，只有通过具体的审美活动才能外化为可捕捉的东西。二人转是土生土长的东北农村的艺术形式，是土与野的产物，具有"不隔音、不隔语、不隔心"的通俗易懂、老妪能解的特点。其直白的语言、诙谐的表演风格、粗犷的唱腔曲调满足了人们心灵上的狂欢，也符合东北人民对通俗艺术的追求，更突出了以俗为美的东北人特有的审美情趣。二人转作为大众喜闻乐见的艺术形式，一些术语或行话早已被东北人民牢记于心，久而久之成为东北方言惯用语的一员。例如，"狗蹦子"，原指狗身上的跳蚤，它上蹦下跳的样子与二人转演员相像，后用来指二人转，是一种鄙称，但也说明了二人转的俗气。"唱网房子"，本义指为打鱼人演出，演唱到最后统一计酬，鱼多多赏，鱼少少赏。

二人转演出不限于农村，农闲时节奔向粮多之地，农忙时节奔向钱多之地，整体透着一种走江湖的气势。"唱二人转"，二人转顾名思义指演出由两个人配合，分为丑角和旦角，七分靠丑，三分靠旦，一丑一旦对口演唱，看着形式简单，却演出了一个大世界。后比喻两个人纠缠在一件事情之中。"单出头"，本义指二人转中单人表演的曲艺形式，是二人转"一树三枝"的表演形式之一，又称作独角戏。一般来讲，传统曲目中男单出头表演《丁郎寻父》，女单出头表演《王二姐思夫》，在开场前先念四句定场诗，随后自报家门，最后才开始演唱。后比喻一个人在事件中周旋。"小过门"，本义指唱歌或歌词的前后或中间用乐器演奏的一段曲子，有承上启下的作用，在二人转正式演出之前来一个小过门，主要用来吸引观众的注意力，然后才进入主题。现指小手段。"一副架"，本义指一个曲目中一男一女因为性格相近或风格相同而组成的默契搭档。后形容两个人之间默契十足。"满嘴流"，原指二人转的演员台词功底好，观众点的哪一出戏都会唱。后形容一个人嘴皮子功夫了得、厉害。"小抠搜"，"抠搜"即吝啬，是二人转身怀绝技的演员的自谦之词。后以此比喻手上有绝活。

六、人口迁移与关东文化

在东北的历史中有近 200 年的移民文化，从东夷人到渤海国，从秦汉时期的移民迁入到女真族两次入主中原，再到明清时期移民由入关到出关的回流，冀、鲁、晋流民齐闯关东，构成了东北文化结构的复杂性和独特性。据历史记载，仅1920—1930 年，流入东北的移民就达 600 多万人，这些移民多是从山东、河北闯关东的难民。关内的汉人冲破封禁出关到东北地区谋生，俗称"闯关东"，形成了东北特有的关东文化。所以整个东北文化其实就是山东、河北汉文化的一个变型。东北人的豪放、粗鲁、热情、暴躁、率直很大程度上都与此有联系。

受人口迁移因素的影响，大量的东北方言来自东北以南主要是京、津、冀、鲁的各地方言。如"撒丫子"（北京方言），意为"放开脚步跑"；"开瓢儿"（北京方言），指人和动物的头部受到重创；"背兴"（北京方言），意为"倒霉、背时"；"地窨子"（北京方言），意为"一种半地下的简陋房屋"；"客中目"（山东方言），意为"客人"。

在东北地区，现在还有很多人习惯称关内为"关里家"。由此我们可以看出，东北的汉族人口多是从中原各省迁徙而来的。这些汉族流民的移入，大大促进了民族的融合，这种融合使东北的各少数民族逐步放弃了自己的语言而改说汉语。至今保存在东北方言词汇系统里的民族词汇，是东北方言中不可缺少的组成部分，这些词汇见证了东北地区各少数民族的风土人情，见证了民族融合的历史过程。

第六章　东北方言的应用及发展趋势

东北方言是东北地区的人们最主要的交际工具。东北方言首先是特定地区人们的日常用语，而且以东北方言为载体形成了不同类型的作品，形成了相应的语言艺术。本章分为东北方言的应用范围、东北方言的发展趋势两部分。

第一节　东北方言的应用范围

一、东北方言的日常应用

东北地区的人们交际主要使用东北方言，但是由于受到普通话的影响，目前有些东北方言词汇的使用不是很普遍了。在农村，年龄较大的人的东北话讲得还很地道，年龄越小，对东北话的熟知程度就越低。尤其是接受过高等教育的人，对东北话的熟知程度就很低了，甚至不能理解东北方言中的某些词汇。

二、东北方言在文学作品中的应用

现代汉语方言研究是现代汉语研究的重要领域。新中国成立以来，在"汉语规范化"和"推广普通话"有效倡导的同时，现代汉语方言依旧保持着鲜活的生命力。东北方言是现代汉语普通话基础方言——北方方言的一个重要分支，东北方言词的使用也有着自己的鲜明特色，因此关于东北方言词的研究是东北方言研究的重要组成部分。东北方言词的使用和传播可以借助具有东北地方特色的文学作品，尤其是东北作家创作的文学作品来实现，这些文学作品自然成为研究东北方言的重要资源。

（一）东北作家群

东北方言在文学作品中的应用，比较地道的应该是东北作家对方言的使用。东北作家形成的群体，一般称为东北作家群，是指"九一八"事变以后从东北流亡到关内的文学青年，自发地开始文学创作而形成的群体。当时从东北流亡到上海及关内各地的文学青年，习惯上被称为"东北作家群"。文学创作是源于生活的。东北作家群的文学作品中浓郁的民俗文化描写一方面体现了当时的时代特色，另一方面体现了那个阶段的东北文化。东北方言在当时的文学作品中也有反映。

（二）文学作品中的东北方言应用

东北作家的作品，尤其是小说中有大量反映当时东北文化的内容，其中也包含东北方言的成分。东北作家早期的作品中记录了东北民间的风俗习惯，反映了东北地区不同的文化形式。下面介绍的都是东北早些年间的一些风俗习惯，代表着当时的文化特点。

1. 东北谷场

在东北地区，秋收之后把收割下来的各种庄稼堆放在谷场上进行人工脱粒处理，称为"打场"。谷场一般就称为"场"，多是选一个平坦的地方，用石磙（当地也称为"遛球"）将松土压实，这个过程称为"压场"。压场时也会在松土中撒上秕谷等一些东西，使场更坚实。不同的庄稼脱粒时程序也不相同，例如，高粱脱粒一般是把经过晾晒的高粱穗沿场摆上一周，然后让牲畜拉着石磙碾压，高粱粒脱下后，将其集中在一起，这时高粱粒中还有很多尘土或是高粱穗上留下的杂物，在磨制高粱米前，还需要扬场，然后装袋。扬场就是用特制的木锨或铁锨将脱粒的高粱向天空扬撒，在高粱粒落下之前，其中的尘土或其他杂物就随风飞走了。随着农业生产的进步，这些场景在东北也几乎看不到了。但是在东北作家的作品中，还能见到这样的场景。

2. 跳大神

在旧社会的东北农村，请跳大神的巫师来给人看病是常见的现象。跳大神曾经是东北黑土地上一项流行的民俗活动，新中国成立后，无神论的意识形态占据了主流，随着崇尚科学精神的传播，跳大神这项活动逐渐淡出了历史舞台。跳大神通常是两个人来进行的，两个人分别叫作大神和二神。大神通过摇头、摇铃、念咒语、唱跳等方式来感召神灵，并使神灵附着于其身体之上，借助神灵的力量祛除疾病、消除灾祸、除妖驱鬼；二神是大神的助手，多在一旁敲鼓配合大神，协助大神"请神"。跳大神的出现和盛行与东北地区具有悠久历史的萨满教密不可分。萨满教是生长在东北的少数民族诸如满族、赫哲族、锡伯族、鄂温克族等民族信仰的古老宗教，其中以满族的萨满教最具代表性。它的仪轨庄重正式，信众众多，规模庞大，是满族人维系民族团结、增强民族凝聚力的精神纽带。跳大神的别称是"萨满舞"，是萨满文化的表现形式和载体。《辞海》注释"萨满"系通古斯语的音译，本义是"因为兴奋而狂舞的人"，后经过引申，指萨满教的巫师。萨满被人们视为和神灵交流沟通的中间人，他通过癫狂地跳萨满舞、唱诵祭词等方式来召唤神灵附体，传达神灵的话语和意志，施展神灵的力量，为求神的人们治病、除灾、驱鬼、保佑平安等。

3. 放河灯

放河灯是华夏民族的传统习俗，用以悼念逝去的亲人，为活着的人祈福。农历七月十五中元节夜，在水上点燃莲花灯，称为"放河灯"。放河灯流行于汉族、蒙古族、达斡尔族、彝族、白族、纳西族、苗族、侗族、布依族、壮族、土家族等不同民族。东北地区也有放河灯的习俗。

4. 娘娘庙大会

庙会是民间的宗教性节目。旧时东北各地有许多庙宇，佛教寺院供奉如来、观音，道教有关帝庙、娘娘庙、城隍庙、药王庙等。每逢这些寺庙中所供神佛诞辰等重要纪念日，就是庙会的日子。

东北作家的作品中当然也有东北方言的成分。因为文学创作是高于生活的，所以方言方面的表现更多地体现在词汇的使用上。东北作家的作品中常常包含一些东北地区的方言词汇。

（三）文学作品中东北方言应用的优势与弊端

笔者通过对东北文学作家群作品中东北方言的整理和分析，发现了东北方言在文学作品中应用的优势与弊端。

1. 文学作品中应用方言的优势

（1）可更直接地表现社会生活

有些具有东北生活特色的事物，只有运用方言才可以直观、形象、简洁地表现出来，使读者更接近作者描绘和展示的生活。比如"烧锅""炕琴""水泡子"等词，颇具东北生活特色，这些词的使用使文学作品更加生动有趣，更加接地气。

（2）可更全面地展示地域特征

方言是一个地方自然景观和人文特色的综合反映，方言的运用可向读者展示某一地域的地域特征。例如，"木刻楞（木克楞）"一词，来源于俄罗斯典型的民居，具有冬暖夏凉的特点，因为北极村离俄罗斯很近，这种建筑风格也被传入中国，展示了这一地域的建筑特征。从一些文学作品的东北方言中，我们能够接触衣、食、住、行等方方面面的地域特征与地域文化，领略到东北的地域特色与文化内涵。

（3）可更生动地塑造人物形象

方言在文学作品中有很好的表现力，运用方言刻画人物形象，可以使人物形象更加生动，更加富有生活气息。例如，描写人物的外貌时，相对于"黑"，"黑不溜秋"一词更加鲜明、活泼；描写人物的动作时，相对于"拨"，"扒拉"一词更加动作化；描写人物的语言时，相对于"叫嚷"，"吱哇乱叫"一词更能表现人物的性格。可见，使用方言可以从各个方面使人物形象更加饱满、鲜明。

（4）可更具体地记载方言文化

如今，普通话日益得到推广，这无疑对方言的生命力提出了挑战，我们不希望看到普通话普及度越来越高的同时，方言的生命力却在逐渐丧失。要想全面地保护并记录方言，仅靠口耳相传是不够的，还需要发挥文学作品的承载力。文学作品可以生生不息，作为被承载的方言也因此可以代代相传，这对方言生命力的延续是极重要的。

2.文学作品中应用方言的弊端

（1）方言滥用现象

第一，过度使用方言。方言可以很好地反映地域特色，恰当运用方言，可以使文学作品具有地域价值与生活价值，拉近作者与读者间的距离。但如果过度地使用方言，就容易造成方言滥用的现象。全国共有七大方言区，并不是每个方言区的方言都被大众熟知，相对来说，全国人民对北方方言的熟知度较高，而像吴方言、粤方言等，不是这些方言区的人很难理解。如果文学作品中大量地使用不被大众理解的方言，势必会影响作品本身的魅力。

第二，方言使用不规范。如今方言研究领域对方言词的形、音缺少统一的规范，一个词在不同的方言词典里可能出现多种形、音的对应。因此，呈现在文学作品中的方言，在形式上存在一定的混乱现象，作者常常凭借自己的理解和语感随意对方言定形，并没有考虑方言词形和词义之间的对应，这会给读者带来理解上的困难，不利于文学作品的广泛传播。这就要求作者在用方言进行文学创作时，参照权威的方言工具书，对方言的词形做相应的考证，不能按照习惯或者只根据语音将字与字随便地组合。当然，这也对方言的研究和方言词典的编纂提出了要求。

（2）方言缺失现象

方言的恰当运用是优秀文学作品的一大亮点，何种程度才是所谓的"恰当"，需要作者仔细斟酌。过度使用方言会造成方言滥用，但过度谨慎，该用方言时却没有用，就会造成方言的缺失，也会影响作品对读者的吸引力。例如，"吱声"一词，若用一般的动词"说话"，就少了生活气息，而用"吱声"会让读者有故事就发生在身边的亲切感。

3. 文学作品中方言使用应遵循的原则

为了发挥优势，减少弊端，作家在写作时可以参考以下几个原则，以便更好地完成作品的创作。

（1）适度原则

为了避免出现方言滥用现象和方言缺失现象，作家在创作文学作品时应遵循适度原则。即找准作品需要方言的"度"，既让作品不失鲜活，也让读者容易理解。不要过多使用方言，也不要"吝啬"使用方言。这通常与写作的情节与内容有关，例如，对职场情景的描写，可以减少方言的使用；对日常农民夫妇生活情景的描写，可以增加方言的使用。

（2）典型原则

为了避免读者在阅读时由于对某些方言陌生而造成晦涩感，作家在创作文学作品时应遵循典型原则。作家应优先选用受众范围广、使用频率高的典型方言，避免使用受众范围小、使用频率低的方言。以东北方言"磨叨"和"吁叨"为例，这两个词都表示"唠叨"，基本通用，但"磨叨"在使用频率上要高于"吁叨"，"吁叨"更广泛地用于胶辽官话，因此作家在创作时可优先选用"磨叨"。

（3）规范原则

为了避免因方言词形多样而造成的阅读困扰，作家在使用方言时应查阅权威的方言词典，尽量保证使用的方言词形的规范性。由于方言词的音、形存在"一对多"，甚至"多对多"的现象，在使用时要尽量使用意义与词义相近或相关的字，不要将意义不相关的几个字简单地组合到一起。

三、东北方言在语言艺术中的应用

（一）东北二人转

东北二人转是东北地区一道亮丽的风景线，广泛流行于辽宁、吉林、黑龙江三省和内蒙古自治区东部三市一盟（即呼伦贝尔市、赤峰市、通辽市和兴安盟）等地区。二人转是具有浓郁地方特色的民间小型戏曲，曾有"小秋歌、双玩意儿、蹦蹦、过口、双条边曲、风柳、春歌、半班戏、东北地方戏"等不同的称谓。二人转的表演形式通常为一男一女身着鲜艳服饰，手拿扇子、手绳等，边走边唱边舞，常表现一段故事情节。二人转唱腔高亢粗犷，唱词诙谐风趣，属走唱类曲艺。

"二人转"这个名字最早见于1934年的《泰东日报》。最初的二人转，是由白天扭秧歌的艺人在晚间演唱东北民歌小调（俗称"小秧歌"）而形成的艺术形式。后来随着关内居民增多，加上长期以来各地文化的交流，大大丰富了二人转的内涵。二人转在原来的东北秧歌、东北民歌的基础上，又吸收了莲花落、东北大鼓、太平鼓、霸王鞭、河北梆子、驴皮影以及民间笑话等多种艺术形式逐渐演变而成，因此表演形式与唱腔非常丰富，素有"九腔十八调，七十二嗨嗨"之称。1953年4月，在北京举行的第一届全国民间音乐舞蹈会演大会上，东北代表团的二人转节目正式参加演出，"二人转"这个名字也首次得到全国文艺界的承认。在喜剧大师赵本山及其团队的极力推动下，二人转近年来为人们所熟悉和喜爱。民间流传着"宁舍一顿饭，不舍二人转"的说法，可见二人转在群众中的影响之深。

二人转是东北民间艺术中最具代表性的艺术形式，对于演员的表现手法，主要是"四功一绝"。"四功"即唱、说、做、舞；"一绝"指用手绢、扇子等道具做出的特技动作，俗称"绝活"。四功"唱"为首；"说"指说口，以插科打诨为主。二人转作为东北民间的一种说唱艺术，说与唱是其重要的组成部分，语言在二人转中的地位就显得尤为突出，而东北方言的运用不仅使二人转具有显著的地域特色，又使二人转中的人物具有了鲜明的性格，说口更富有幽默感、诙谐感、亲切感。二人转并不是简单地将普通话和东北方言相加，而是将其融入关东人的性格，成为表达思想、表现鲜明人物性格的外衣，寓鲜明的个性于绘声绘色、声情并茂之中，使观众听后有如临其境、如融其物、如见其人、如闻其声之感。

东北二人转的剧诗特征不仅表现为诗意的思维、诗意的情调、诗意的结构，还表现为"诗化"的方言和土语。二人转的语言既有"诗化"意蕴，又有极强的接受性审美及"狂欢"气质，使二人转具有独特的语言情趣，而这与东北方言和土语的运用是分不开的。

第一，"诗化"的合仄押韵。首先我们所说的"诗化"意蕴并不是说二人转的语言像其他曲艺形式或传统经典的剧种那样曲高和寡，它那"诗化"的合仄押韵使人读起来或听起来朗朗上口、趣意横生，独有"诗化"意味。笔者从很多二人转唱词或剧本中找到了合仄押韵片段，如陈功范的拉场戏《墙里墙外》中的嫂子和大乏的一段对话，每句句末都是儿化，"跟前儿""卖呆儿""打单儿""撒欢儿"，这些儿化的东北方言的运用，使人感觉亲切形象、朗朗上口，"诗化"的意味油然而生。

第二，极强的接受性审美及"狂欢"气质。接受美学认为，文本要被阅读，应受制于两个方面。一方面，为了被阅读，它就必须使自己被理解，就必须根植于读者所熟悉的代码、框架、完型等，以增强其可解度。把这种接受理论用在语言的传播乃至二人转欣赏与接受性审美上也适用。二人转最初大量运用各种戏曲、曲艺的书面语言，由于民间艺人的文化差异，他们往往用自己习惯的方言和土语进行"异化"的改写，甚至"声腔可随方言变"，并且在宽广的语境和语区里自由传播，给语言以俗化和重新命名，成为可观可听的语言世界。人们交流沟通的第一要素当然是民间日常应用的方言和土语，这些让观众熟悉的方言和土语给二人转注入了鲜活的生命力，并给东北人一种语言情境的回归感。同时，二人转东北味十足的通俗唱腔使任何文化层次的人都能听得懂，使东北人感觉亲切如话家常，就连外地人也感觉新鲜不费解。而二人转语言情趣的"狂欢"气质突出地表现在幽默滑稽的说口上。二人转作为东北民间的说唱艺术，"说"与"唱"在二人转里是密不可分的，如果只唱不说，就不算完整的二人转。"唱丑唱丑，全仗说口，不会说口，别想唱丑"，可见说口在二人转中的地位尤为突出。二人转的说口，来自东北猫冬消磨长夜的娱乐形式，主要是"讲瞎话""打俏皮""扯闲磕""插科打诨"，俗称"耍嘴皮子"。说口有时嘲讽、有时夸赞、有时讥骂、有时搞笑，给人以幽默、滑稽、诙谐之感，说着开心，听着过瘾，同时蕴藏着东北人直率、机趣、酣畅、丰富的美好情感。而这些林林总总如果用普通话或书面语远远达不到以上效果，正是离普通老百姓最近的方言和土语的运用，才使说口魅力十足，彰显二人转的艺术感染力。

（二）东北大鼓

东北大鼓主要流行于我国东北，即辽宁、吉林、黑龙江三省的曲艺鼓书暨鼓曲形式，是国家级非物质文化遗产之一。东北大鼓又称"辽宁大鼓""弦子书"，因为东北大鼓早期主要在乡村流行，民间俗称"屯大鼓"。关于东北大鼓的来源有两种说法：一是清乾隆年间北京弦子书艺人黄辅臣到沈阳献艺，吸收当地民歌小调演变而成；二是清道光、咸丰年间辽西"屯大鼓"艺人进城献艺，发展为奉天大鼓。东北大鼓最初的演唱形式是演唱者一人操小三弦，并在腿上绑缚"节子板"来击节，自弹自唱。后来发展成一人自击书鼓和简板说唱，另有人操大三弦等伴奏，说唱表演采用东北方言。

东北大鼓的演唱以真声为主，演唱时常将尾字归于鼻化音，追求鼻腔共鸣所带来的嗡鸣之感，这就是艺人们经常提到的"韵味"所在，这也是东北大鼓唱腔调门偏低的原因之一。之所以如此，首先与东北方言的发声习惯有关。东北方言在发开口音韵母时，通常不够饱满，如发"a""ao"等音时，往往口腔地张开的程度比普通话要小，导致发音位置趋于口腔中部，为了让这些汉字在行腔过程中更易于声乐发声，演唱者通常在元音韵母之后加上相应的鼻辅音"n"或"ng"等，这在客观上形成了东北大鼓演唱中经常出现鼻化音的现象，即类似哼鸣的音色效果。其次，东北大鼓尾字归于鼻化音与其唱词经常使用的辙韵有关。在东北大鼓唱词的高频辙韵中，其中尾音归于鼻音韵母的辙韵有三个（中东辙、言前辙、人辰辙），这是造成东北大鼓演唱风格低沉婉转的内在原因之一。前面曾提到东北大鼓唱词中有丰富的鼻音色彩，其中最有利于歌唱发声的是鼻化音"n"或"ng"，鼻化音的发音同时使用着口腔和鼻腔，共鸣音更加饱满，并且这个音色是高频韵脚的特色音色，所以鼻化音成为引导东北大鼓唱腔发声的特殊音色。

（三）东北渔民号子

东北渔民号子是渔民在艰苦劳作中创作的，反映了广大渔民的乐观主义精神，是我国民间音乐宝库中的珍贵财富。东北渔民号子有很多分支，其中比较典型的一支是长海号子，是流行在辽宁大连长海地区的一种富有海岛特色的劳动号子。长海号子内容丰富，调式各异，唱词以即兴编创为主，也有因习惯而产生的固定唱法。号子多为劳动呼号式，几乎没有任何实际内容，只有"呼呵嗨呦"等。也有部分唱词加入了通俗简单、与劳动场景紧密结合的词语，饱含着沧桑之感，又洋溢着乐观主义精神。

（四）东北戏剧

1. 东北戏剧小品

东北戏剧小品中对东北方言的呈现，大多呈幽默、诙谐、通俗易懂等特点。接下来以东北戏剧小品《憋屈哥》为例，对东北方言在东北戏剧小品中的应用进行分析。这部小品对东北方言的运用几乎无处不在。暴力姐的一句"没心没肺的东西，我削死你"听起来虽然是处在愤怒的状态，但此话一出，让人忍俊不禁，其他地域的大众即使不能完全理解"削"的含义，但也能捕捉到这句话想表达的意思，其实就是"我要打你"的意思，这句话便是典型的东北方言。暴力姐另一句"臾回去，干啥啥不行，吃啥啥不剩，熊玩意儿，跑大门口嚎啥"，短短的几十个字，强烈的东北方言气息喷涌而出，一个"啥"字就完全定位了东北方言的特点，"什么"大多都用"啥"来表示。"熊玩意儿"一词表达了不争气的含义，但经东北方言一转换，就充满了幽默的意味，不禁引人发笑。"嚎"表示大哭时的一种状态，原本充溢着悲伤之感，运用到东北方言中，却充满了诙谐之感。文中另一人物讨喜哥说了这样一句话："大哥，二人转能整两句儿不?"东北方言在表达时习惯性地在对话前加上相应的称呼，如"大哥""老妹儿"这种亲切的称呼，给人以一种无距离的亲切之感。这里讨喜哥说的话，就是典型东北方言的称呼形式，句子中一个"整"字，更是东北方言的典型词语。"整"字在东北方言中运用很广泛，并且可根据句子想要表达的意思，灵活地释义，这里表达的就是"能否唱几句二人转"的意思。后来讨喜哥又说"你拉倒吧"，此句更是完完全全的典型东北方言，其想要表达的意思是"你赶紧停止，别参与"，但经东北方言一转变，就变得极为简洁。主人公憋屈哥后来在哭出来以后，说了一句"出来了，眼泪出来了，诚得劲儿啦"，"诚得劲儿啦"便是东北方言的简洁呈现，这句话其实想表达的是"非常舒服，感觉非常愉悦"。后来出现的拾荒姐说："十字路口捡的，别嫌埋汰哦哥。"其中"埋汰"一词也是东北典型的方言，是对"不干净，非常脏"的简洁表达。后来出现一位老太太，她说了一句"你再看看那个，憋憋屈屈，难受巴叽"，这句话也是东北方言的简洁表达，想表达的意思是"你再看看那个人，一副委屈的样子，很不开心，好像浑身上下都不是很舒服的样子"。经东北方言的表达，几个字就把这种意思给概括了。暴力姐的另一句话"你咋还学我呢，你个傻样儿"，这句话中的"咋"和之前的"整"字有着同样的表达效果，意思为"怎么了"，也可根据句意灵活释义，"傻样儿"更是一种亲昵诙谐的表达，含义并不是真正意义上的傻，而是一种嗔怪。《憨屈哥》是一部极其简单的东北戏剧小品，但其语句却将东北方言运用到了极致，无论是东北方言的诙谐、幽默还是简单凝练，都得到了很好的艺术呈现。

2. 东北评剧

东北评剧是流传于我国北方的一个戏曲剧种，源于莲花落、拆出小戏、唐山落子、奉天落子，习称"落子戏"，又有"平腔梆子戏""评戏"等称谓。东北三大评剧流派分别是韩派、花派和筱派。韩派由韩少云所创，代表作有《小女婿》《人面桃花》等；花派由花淑兰发展而成，代表作有《白毛女》《茶瓶计》等；筱派由筱俊亭发展和继承而成，代表作有《杨八姐游春》《穆桂英挂帅》等。这三派弘扬了东北的戏剧文化，得到了全国观众的认可和赞扬。

3. 黄龙戏

黄龙戏是以东北皮影戏音乐为基调，在吸收了民间音乐的基础上形成的具有浓郁地方特色和广泛基础的新剧种。黄龙戏的内容主要反映辽金时期历史人物在黄龙府一带的活动，听起来字正腔圆，有板有眼，极具表现力，其中四大剧目《魂系黄龙府》《大漠钟声》《圣明楼》《摩托格夫人》曾多次在全国获大奖，展示了其独特的艺术魅力。

4. 吉剧

在东北戏剧的其他艺术形式中，东北方言依然得到了很好的艺术呈现。吉剧《温莎的风流娘儿们》改编于莎士比亚的戏剧，融入吉剧的风格、语言，使作品充满新意与创新。剧中人物的对话运用了很多典型的东北方言，其实从剧名来看，"娘们儿"一词便是东北男子对东北女子的一种称呼方式。剧中人物巴道夫开场说的"他还舔着老脸笑"，"舔脸"并不是真正意义上的"舔"，而是一种幽默讽刺的表达，这句话的意思是"怎么还有足够的勇气来面对这一切，还能笑得出来"，经东北方言一转换，既简洁又不失幽默。后来巴道夫又说了一句"唬弄鬼呢"，"唬弄"一词在东北方言里是欺骗的意思，这句话的意思就是"你说的话是假的，请不要欺骗我"。剧中人物快嘴桂嫂说："我可不能瞪眼干瞅着。"这里的"瞅"字就是看着的意思，东北方言习惯把很多状态表达得较为简洁，一个字干净利落却又不失语言想表达的含义。这部改编自外国经典故事的吉剧，完全是按照东北方言的风格进行台词设计的，整部剧由于东北方言的加入，显得诙谐风趣。另一部大型现代吉剧《情满东辽河》也是典型的吉剧，地点发生在河东村，主要人物有玉秀及其丈夫水根、水生及其妻子春芳、水根的秘书杨美丽以及老主任。剧中以多种真情叠加，体现了浓浓的真情，使观众看到吉剧的质朴与真情以及东北的质朴民风。这部吉剧的故事不仅发生在东北的民间，而且每一句台词都离不开东北方言。剧中只要是涉及"我"字的话语，全都用东北方言"咱"替换，东北方言意味浓厚。剧中人物杨美丽有一句说水根的话："水根，你还真想回村呀，这土拉巴叽的啥意思？"这句话中，"土拉巴叽"就是东北方言对过时、不流行、赶不上时代潮流的一种简洁表达，并且带着些许幽默的意味。剧中人物大妈丙说了一句："哎呀妈呀，出事儿！那是谁呀，穿得花里胡哨……"这句话里的"哎呀妈呀"就是典型的东北方言的感叹词，是东北方言的精髓所在，我们可以看到在现代的一些模仿东北方言的节目中，必不可少的一句就是"哎呀妈呀"，只要"哎呀妈呀"几个字一说出来，便给人一种亲切幽默之感。"花里胡哨"更是对衣服颜色搭配过多的一种简洁幽默的表达。剧中人物玉秀说："屯里人儿看着了，传得一哄哄的。"这里"传得一哄哄"就是对传播得很广、很热烈的一种简洁幽默的表达，拟声词又给人以亲切之感。剧中人物村姑甲说："他还是撩扯人家啦？""撩扯"一词是纯东北方言，想要表达的是对女性或男性的一种主动挑逗。剧中人物村姑戊说："老娘我本来就是秀蜜人。"这里的"秀蜜"在东北方言中有时还被发音成"秀敏"，意思就是比较内向、害羞。此部剧是典型的东北农村戏剧，剧中故事围绕着东北的村庄展开，并且剧中所有人的台词都是原原本本的、原汁原味的东北方言，字里行间流露着直白、幽默。

（五）满族说部

满族说部是满族的一种民间说唱艺术。满族说部来源于历史更为悠久的民间讲述形式——讲古。讲古在满语中为"乌勒本"（ulabun），是讲述家族传承的故事的意思，即流传于满族各大家族内部，讲述本民族特别是本宗族历史上曾经发生的故事。在入主中原以前，满族几乎没有以文本形式记录本民族历史的习惯，当时人们记录历史的最常见的方式，就是通过部落酋长或萨满来口传历史，教育子孙。

"老的不讲古，小的失了谱。"讲古，就是利用大家最喜闻乐见的说书形式去追念祖先、教育后人，借此增强民族抑或宗族的凝聚力。讲古不仅是一种单纯的娱乐活动，还是一种进行民族教育、英雄主义教育和历史文化教育的重要手段。

（六）东北评书

东北评书是流行于我国北方地区的评书艺术。作为一种独立的说书品种，评书大约形成于清代初期。评书虽然口头上是说的表演形式，但其艺人却多为唱曲转行。相传形成于北京的评书艺术，其第一代艺人王鸿兴，原来就是说弦子书的说唱艺人。20世纪初叶，有许多北方乡村表演"西河大鼓"和"东北大鼓"，后来纷纷改为说评书。在东北有鞍山评书、锦州陈氏评书等，用东北的地域特色和东北乡音演绎着独特的东北评书艺术。

这些具有东北地区乡音特色的语言艺术正以其独具特色的艺术魅力感染并影响着人们，是我国宝贵的文化遗产。

四、东北方言的其他应用

（一）新闻播报中东北方言的应用

近年来，越来越多的新闻媒体选择用方言播报新闻，我们能轻易地从广播、报刊中看到方言的踪影，如武汉的广播和报刊中经常出现"汉味"十足的标题。观看湖南台不难发现，当家主持人无论是何炅还是汪涵都经常在节目中说湖南话，为了节目效果使用湖南话说英文产生了强烈的化学反应。方言在新闻中出现，是媒体贴近受众以及媒体改革的需要。在传统媒体的地位被互联网冲击这一现实前，新闻媒体要走下神坛，改变以往郑重严肃的新闻播报面孔，教科书般告知百姓新闻事实的报道方式，"看不看随你"的态度已经不被网络受众所接受，受众要的是简单的趣味与便捷快速获得信息。

如何让新闻变得趣味十足、吸引受众？将方言融入新闻播报是快速提升趣味性的手段之一。例如，《辽沈晚报》虽然将原创新闻和转载新闻区别开来，并且原创了"东北话教程"内容，注意到了方言的趣味性和生动性对传播效果的正面影响，但作为一个主流的新闻媒体，优化新闻的传播效果应该是第一位的，提升新闻的趣味性是必要的，东北话不应该只是作为文化推广的内容存在，更应该将东北话应用在新闻中。受众需要获取身边的新闻资讯，他们也乐意看到身边发生了什么，新闻的贴近性原则就体现在对本地事情的报道上。《辽沈晚报》作为辽宁省级报纸，必须承担起为本地百姓提供本地时事的责任，在新闻中运用东北方言，不仅是满足趣味性的需要，更能通过语言的共性实实在在地接近老百姓，语气亲和，富有生活气息，容易被受众接受。

（二）影视广告中东北方言的应用

东北方言通常在表达上直来直去，俏皮生动，幽默风趣，并且感情色彩强烈。东北方言在对白中常常会制造出一种妙趣横生的语境，这便会赋予语言一种神奇的力量，生动形象且极具幽默感，尤其是谚语和歇后语的运用。如东北方言中的"贼带劲儿""老好了""可劲儿造""整一个"等，常常在特定语境中给人以意料不到的幽默感。因此，很多幽默广告都乐于采用东北方言，以取得意想不到的喜剧效果。较为典型的广告有感冒药《螃蟹篇》，广告以两只螃蟹的对话展开，动画效果虽简单，但是东北风格明显的对话却营造了生动、形象的语言效果，其中最为人们所津津乐道的就是那句广告语："兄弟，咋的了，让人给煮了？"（以螃蟹被煮后变红来暗示人感冒发烧的症状）这句话十分符合东北人特有的幽默感，东北人的语言表达擅于以物喻物，因此，形象感十足。

东北人说话总想将自己的想法尽情地宣泄出来，所以经常运用极度夸张的表述方式。这在赵本山的小品和电视剧中表现最为突出。而赵本山也将这一极其特殊的语言风格运用到了影视广告中。如北极绒保暖内衣广告语"地球人都知道"，这句具有强烈东北味的广告语便因为赵本山的精彩演绎而成为当年最火爆流行语之一。东北方言往往力度明显，表达方式直接、简洁而不留余地。另外，同样是赵本山代言的药品泻立停广告语"别看广告，看疗效"也有异曲同工之处。赵本山一向以东北农民语言风格著称，而农民经常说大实话，不喜欢遮遮掩掩、吞吞吐吐，所以这句"别看广告，看疗效"的广告语记忆度很高，甚至成为人们日常生活中的常用语。随着《乡村爱情》系列电视剧的走红，赵本山也一改东北农民形象而成为带领乡亲们致富的董事长，但是语言表达搞笑、俏皮、形象和夸张的风格并没有变，这一风格也延续到他所代言的太极藿香正气液的广告中。广告结尾处赵本山用一贯的制造笑料的方式让人们记住了品牌的名称：太极藿香正气——液（耶）！东北方言简捷而极具幽默感的特点，使其在广告文案与广告语中运用广泛，从标准的东北方言到影视剧或春晚作品中的经典台词，都是受众耳熟能详的俗语、俏皮话。

影视广告对于东北方言的运用，还有一种表现形式即在广告文案阐述的过程中，以语气语调的特色来凸显东北方言的存在。例如，牡丹江市老坛子酒业广告，从酿酒的制作工艺流程、陈酿，到开坛品尝，以酿酒的工人师傅与生俱来的东北人豪爽豁达的性格特质，预示着陈年好酒的品质与口感，纯正东北口音的广告语"好酒陈年酿，开坛十里香，够味、够劲、够义气，老坛子，专为朋友'馏'的酒"，老坛子酒的广告语也是一语双关，既凸显了东北人豪爽义气的品质，也强调优化了酒的质量、味道、口感等属性。广告中的东北方言简短有力，直来直去，很容易让人记住和模仿，因此，在传播效力上效果较好。而这种东北特有的表达方式也把品牌的真实与豪爽气质体现了出来，更有利于取得消费者的信赖。沈阳观众喜爱的《大话流行》这一广告节目的主要原因在于，节目里所有的演员语言表达所用的都是最地道的沈阳口音，说的也都是最正宗的沈阳方言，甚至他们经常提到的地名也是观众十分熟悉的地方。正是在语言上的亲近，使得观众对这一广告节目并不反感，甚至把它作为娱乐节目来看，因此，节目取得了较好的广告效果。

　　某个品牌或产品如果只在当地营销，那么它应力求与当地人融为一体。特别是在广告语言表达方式上应采用当地人的口音和常用语，甚至是一些俚语和俗语，使消费者听上去就如同聊家常，这样的广告更容易被消费者理解和接受，广告中的品牌和产品也更容易让消费者产生好感。特别是这些品牌和产品多是零售商家，更需要在情感上与消费者拉近距离。总之，带有独特的东北文化符号的品牌就要像东北人一样，天生具有东北文化气息。

第二节　东北方言的发展趋势

一、部分东北方言逐渐更替、消亡

　　随着社会的进步与发展、生产生活方式的更新与变化，一些与旧的生产生活方式相对应的或不合时宜的东北方言逐渐消亡，个别使用频率低的东北方言则逐渐被更替。例如，"巴锔子"是一种用于连接和固定的工具，现在这个词已很少使用了；"把头"，指旧社会垄断或把持某种行业并从中谋利的人，如"烟把头""蚕把头"，现在这个词已经消亡了。同时，随着科技与社会的进步，一些渲染迷信的词语如"聚魂"也已经不被使用了。当下，人们的生活节奏不断加快，新兴事物不断出现，一些流行语与网络词汇使用频率升高，使一些东北方言被流行语与网络词汇取代，如东北方言形容很像样、很好、很有气质通常用"带价儿"或"带劲儿"，现在多用"给力"来形容。

　　随着普通话的普及，东北方言受到普通话的极大冲击，代际和地区差异进一步扩大。虽然农村受普通话的冲击较小，但一部分东北方言固有词已经有消亡的趋势，而县城受普通话的影响比农村大得多，不仅受影响的年龄范围更大，而且青年一代和处于过渡阶段的人们对普通话的认同度较高。随着时间的推移，部分东北方言词语将会完全消亡。①部分单音节词语渐被普通话双音节词语代替。东北方言中的单音节词语在青年一代的知晓率和使用率越来越低，如"客"基本被普通话的"客人"代替，而"叫"基本被"割开"代替等。②多数双音节和多音节词语较稳定。与单音节词语相比，双音节和多音节词语较固定，消亡痕迹没有那么明显，但也有部分词语受到普通话词语的冲击，逐渐被取代。如"敞开儿""抠挠""耳钳子""半拉架""不订楞""勾嘎不舍"等词语在青年人中的知晓率和使用率已经很低。在不久的将来，我们将无法听到这类反映东北人民生活的词语。

东北方言惯用语是东北人通过对本地区的人文自然的亲身体验总结出的惯用语，不但具备共同语惯用语的所有性质和特点，而且体现了东北地区的自然风貌、人文特色和文化内涵，深受当地人民喜爱，是东北人喜闻乐见、最为亲切的语言单位。东北方言惯用语结构形式丰富，三字格的惯用语在整个惯用语里占有绝对优势，但非三字格的惯用语也不在少数，这与东北人喜欢调侃，善与人交际的性格特点有关。结构形式丰富使得东北方言惯用语在描绘事物时更为生动形象，将惯用语的描绘性这一特征发挥得淋漓尽致。例如，描述有人在关键时刻或特殊时期制造麻烦的行为，可以用东北方言惯用语"上眼药"，既简洁又形象。又如，在形容十分辛苦时，我们可以形象地说"汗珠子掉地摔八瓣儿"，不仅表达出了辛苦，甚至能够使人眼前出现辛勤劳动的画面，给人一种强烈的冲击感。东北方言惯用语的语义构成方式多样，语义双层性是惯用语的特点，东北方言惯用语是通过比喻、引申、夸张等方式实现的。

语言和人民生活是息息相关的，人民生活发生的变化也会映射在语言现象里。当过往生活中的现象消失时，反映该现象的词语也会渐渐消亡。东北方言惯用语有很多描写的是过去东北的生活状态和生活现象。例如，"剜到筐里就是菜"，意思是没有条件地选择人，多用于找恋爱对象的语境中，另外一个惯用语是"剜到筐里才是菜"，意思是什么事情只有真的获得了、在自己掌控中了才算数。我们暂且不论两个惯用语语义上要表达的内容，单从这两个惯用语描写的事物看，都是写"挖野菜"的事情。这是因为东北每年开春时都会有一段粮食短缺的时期，那时人们为了充饥，常常去挖野菜。随后人们才将生活中的一些场景和挖野菜联系起来，形成了上面两个惯用语。但是，现在农业发展迅速，人们不再需要用野菜充饥，因此知道这两个惯用语的人越来越少。久而久之，诸如此类的惯用语就会从人们的交际中消失。从东北方言的代际差异情况来看，这种趋势更为明显，中老年人使用东北方言惯用语的情况无显著差异，然而青年人无论是在对东北方言惯用语的了解掌握方面还是在使用东北方言惯用语方面，都和中老年人有显著差异。按照这种发展趋势，当下青年人普遍不知道不使用的东北方言惯用语就会消亡。新词汇不断涌现，人们更愿意接受新的事物，使用"时髦"的词语。这种情况对东北方言惯用语的发展产生了很大的冲击。例如，东北方言中的"跑腿子"（单身，特别指男性单身）被时下很流行的"剩男"取代。这样的现象不仅出现在年轻人群中，甚至很多中老年人也更倾向于使用"剩男"一词。另外，还有一些东北方言惯用语因为文明程度不高，在本地区也鲜有人使用，这一部分东北方言惯用语也会在交际中消亡。

二、部分东北方言使用的地域性不断扩大

方言最大的特点就是地域性，但随着东北小品在全国的认可度提高、东北电视剧在全国的热播以及东北文化的传播，东北方言的个别词语不仅走出了方言区，而且在全国范围内被广泛使用与认同。例如，"嘚瑟"一词在东北方言中使用频率比较高，而且在普通话中很难找到什么词汇能将其代替，因此，"嘚瑟"一词在不同的场合和语言环境中也就有了很多不同的含义：①指不稳重、张扬出风头，如"有了几个钱，你就到处嘚瑟"。②臭美、显摆、卖弄，如"搁铁岭台人家等咱俩小时，这中央台嘚瑟的"。③发抖、哆嗦，如"那边枪声一响，把他吓一嘚瑟"。含义丰富加上感情色彩浓厚，并在小品及影视剧中经常出现，"嘚瑟"一词使用的地域性不断扩大，很多除东北的其他地区都听得懂且常常使用。再如，"忽悠"一词在东北方言中是一个口语性较强的词语，一般只出现在比较随意的环境下，赵本山的《卖拐》《卖车》系列小品中"忽悠"则是小品的灵魂和主题，这让全国人民懂得并接纳了"忽悠"一词，之后这个词不断在各种媒体中出现，使用频率越来越高，今后将这个词编入《现代汉语词典》成为普通话词汇也是极有可能的。

方言是历史与空间的产物。东北这块广袤的黑土地经过历史的沉淀、民族的融合、地理的阻隔，使东北人在广阔的空间里自由组合、释放情感，逐渐形成了形象生动、幽默风趣、直白夸张、感情色彩浓厚、表意丰富、表现力亲和力强等特点的东北方言。东北方言不仅是东北民间艺术之根，而且是东北地域特色文化

的载体，与土语凝结在一起，充分体现了东北人直率、质朴、粗犷、豪放、热情的性格特性。语言的个性即艺术的个性、文化的个性，东北方言以其独特的审美魅力使东北民间艺术与文化别具一格、独树一帜，随着东北方言与地域文化的不断传播和发展，文艺百花园中的这朵奇葩将经久不衰。

三、多数东北方言凝固与传承并存

方言作为民间的、地域性的口头语言，它的传承主要靠人们的口头交流来实现。随着社会的进步与发展，交流方式正在发生巨大的变化，多元化的交流方式使东北方言在某种程度上处于凝固状态。一方面，在现代社会，除了口头交流外，QQ、微博、微信等交流方式被广泛使用，东北方言中那些没有文字对应的词汇在这些交流方式中使用率低，久而久之逐渐被凝固；另一方面，语言一体化趋势也使方言趋于凝固。很多方言之间无论是语音还是词汇甚至语法的差异都很大，存在着严重的交流障碍和语言隔阂，这种状况对我国的经济发展是不利的，所以《中华人民共和国国家通用语言文字法》对语言文字规范化和推广普通话作了明确规定，这就意味着东北方言在这样的大环境下不可避免地要受到社会政治背景变化的冲击。

因为东北地区与俄罗斯毗邻，所以东北方言中有一部分俄语借词。曾经在东北地区广泛使用的俄语借词，大部分已经退出交际领域，如"畏大罗""马神"等除少数老年人知道外，已经很少被使用。这主要是因为推广普通话以后，多数原来只有俄语借词定义的事物有了自己的普通话名词，俄语借词被取代。大部分满语借词已纳入东北方言词汇系统，基本上每个词语在老中青三代人中的知晓率和使用率都很高，所以可以判断大部分满语借词会随着时间的推移完全融入东北方言词汇系统。

东北方言惯用语有着其独特性，生动有趣，言简意赅，有着"话粗理不粗"的特色，这与东北人的性格特点相吻合，也在一定程度上反映了本地区的风俗和文化。"矬子里头拔大个儿"是一个典型的东北方言惯用语，表面意思是在个子矮小的人里找一个最高的，以此比拟"虽然目前的条件情况不理想，但是要在现有条件下找出最好的一个"的情况。这种本土气息浓厚但寓意鲜明的惯用语将被本地区人们保留在自己的方言里。人们表现出对东北方言的高度认同，就会有很多人认识到东北方言有其生存价值，不会被普通话取代，特别是接受过高等教育的人对东北方言的生命力表现出了很强的自信心。

所以，很多东北方言惯用语在本方言区是很有生命力的。很多东北方言惯用语也会适应时代的变化以变化形式的方式被保留在东北方言中，如惯用语"东扯葫芦西扯瓢"会缩略成"东拉西扯"而继续被使用。又如，"井里的蛤蟆酱里的蛆"是形容人见识少、目光短浅，其中"井里的蛤蟆"和普通话里的"井底之蛙"是一个意思，"酱里的蛆"与"井里的蛤蟆"意思是一样的，都是说它们看到的东西不多，虽有贬义，但没有贬低人、污蔑人的意思。但是，过去常见的事情在现代人看来却无法理解，所以这句惯用语就变形为更易被现代人接受的"井底之蛙"。

四、东北方言词汇被纳入普通话范畴

普通话是汉民族标准语，方言是标准语的地区变体。方言受普通话的影响，又吸收普通话成分增强自己的活力，同时还能丰富普通话。普通话与方言是相互依存、互补分用的。国家大力推广普通话，是国家统一、民族团结、社会进步的需要，是政治、经济、文化、教育、科技等各项事业发展的需要，是社会交际的需要。由于国家大力推广普通话，许多人心目中的印象就是普通话是共同语，是国家推广的语言，方言（本地话）是地方上的话，和普通话就像是下级和上级的关系一样，普通话"领导"方言。造成这种印象的原因，就是没有正确认识方言和普通话的关系。普通话在社会语言生活中发挥主导作用，满足各方面的需求，才能促进国家、社会的不断发展。方言是地区文化的载体，记录、保存、传播地区优秀文化。方言作为文化不可分割的一部分，文化多样性允许其存在千差万别，而不是完全统一于一种标准语之下。

推广普通话工作至今已有六十余年，普通话已成为强势语言，一些方言在普通话的影响下在不同程度上处于濒危状态。近年来，一些学者发出了保护濒危语言和方言的呼吁，并做了很多工作，这是值得肯定的。但是，仅仅保护濒危语言和方言是不够的，保护的范围应扩展到所有方言。濒危方言固然要保护，许多并不处于濒危状态的方言，虽然在一段时期内没有消亡的危险，但如果不及时对其进行保护，这些方言也会在普通话的影响下慢慢失去自己的特色。就如东北方言，逐渐失去了自己的部分词语。

虽然部分东北方言词语正在退出人们的交际舞台，但也有一部分词语通过影视媒体等方式进入普通话，从而巩固下来。①已进入普通话的东北方言词语。已经进入普通话的东北方言词语不是很多，最典型的是通过春晚小品进入普通话的

"忽悠"。还有部分东北方言词语如"埋汰""嘚瑟""磨叽""整事"等，也已被多数人熟知。②有进入普通话趋势的东北方言词语。有些东北方言词语因其鲜活的表意特色，而被其他方言区的人群所熟知，如"疙瘩""彪"等，这些词语都有进入普通话的机会和趋势。另外，还有"妥了"一词，随着电视剧《老大的幸福》在央视的热播，人们已经开始注意到并频繁使用这个词语。因此，该词也有进入普通话的可能。

在人们日常生活的互动交流和传递信息的过程中，最重要的是语言，国家的统一、民族的团结、社会的发展进步都离不开这个民族共同语言的普及和发展，所以国家才会大力推广普通话。在推进我国加快建设中国特色社会主义理论体系的伟大光荣历史进程中，大力推广宣传、积极推广普及各民族和地区乃至全国广大民众普遍认可通用的优质汉语普通话，有利于促进我国广大民众有效克服文化上的隔阂，对于我国的经济、政治、文化等体系建设都具有十分重要的指导意义。

我国的方言比较多元，同时民族较多，是一个多民族和多语言的国家。随着人类文明进程的不断加快，普通话的推广以及利用势在必行。这一工作与国家的文明建设密切相关，只有进一步推广普通话，才能提升我国的核心竞争力和影响力。现在，全国都在普及普通话，每个人都要会说普通话。再加上小孩子在接受教育时很少使用方言，所以现在越来越多的小孩子根本不会说也听不懂方言。说的人少了就会导致方言逐步被人们遗忘。为了实现顺畅地交流以及沟通，普通话的学习非常关键。但是这并不代表直接放弃方言，而是需要在融合的基础之上实现共同发展。在表现思想感情和体验当地文化等方面，方言较之于普通话则更具有优势。当两个同乡人在自己家乡之外的某个地方见面或相识时，彼此认同的最直接、最可靠的基础之一便是乡音。所以有些海外华人只会讲某一种方言，却并没有学会说普通话，原因之一就是他们只会讲自己的家乡话，出国后什么都能改掉，但是口音是根本改不掉的，方言是他们将自己与祖国相连的一种情感象征。

从当代主流媒体的发展角度入手，讨论东北方言的现状问题，可以得出：虽然普通话在全国被普及，但是东北方言在主流媒体的推动下，又慢慢地走进大众的视线，东北方言得以"重拾信心"。因此，尽管东北方言随着人员的流动和改变会出现被"稀释"的情况，但是其始终在发展，并不会消失。

推广普通话是为了交际的需要。中国语言和方言众多且差别较大，没有统一的标准语，沟通困难，工作就难以展开，故新中国成立之初，国家推出推广普通话的重要政策。时至今日，普通话的推广取得了巨大的成效，除了一些少数民族地区，已很少有人听不懂普通话，多数人也都能不同程度地使用普通话与人交流。可以说，国家当初颁布政策的目的已经达到。但保护方言与推广普通话的矛盾也日益凸显。如何解决这一矛盾？在我国由计划经济向市场经济转变的过程中，原来指令性的计划都变成了指导性的计划，事实证明，这些转变很好地促进了我国社会主义市场经济的发展。同理可证，在处理推广普通话与保护方言的矛盾时，也可以改指令性为指导性，放宽方言的生存空间。在现在这个空间交流日益频繁的时代，统一的标准语是不需要用强制性措施来推广的，人们都会自觉地学习与他人有效交流的语言。对于出现濒危迹象的方言，要采取保护措施，建立濒危方言多模态数据库等。

五、现代媒体与当代的流行语言

中国的互联网正式进入国际网络的大家庭，可以说中国的网络科技飞速发展，其中人类文明进程的加快也能更好地体现人民生活质量和生活水平的提升。社交网站活跃起来之后，人们喜欢在网络上交友、聊天，在聊天的过程中，人们都在使用普通话，不管你是说粤语的广州人、说四川话的重庆人，还是说东北话的长春人，打字聊天时出现在电脑屏幕上的都是标准的普通话，所以这就导致方言被使用得越来越少，就会出现逐渐被人们遗忘的情况。

网络流行词在人们日常生活中出现的频率逐渐提高，而这些网络流行词有时也带有一些方言的成分。例如，前几年比较流行的东北方言"扎心了，老铁"，主要是指哥们儿之间的义气。这些网络流行词的盛行，也推动了方言的发展，不同地区的方言都出现在网络这个大环境中，也使得某些地区的方言被人们熟知。

随着科技的进步，各种新的媒体应运而生，其中网络媒体发展非常迅速，同时成为人们生活的重要组成部分，一旦出现各种社会热点，就会通过网络传遍大街小巷。例如，某个农村题材的电视剧中的台词"她扒拉我"一夜之间火遍全网，原因就是"扒拉"一词说起来顺口、感情性强，画面感油然而生。并且在这个电视剧中，演员在说台词时很少使用普通话，大多数说的都是东北话，甚至很多台词在说出来的同时，字幕就直接呈现普通话，因为很多方言是呈现不出某一个准确的汉字的。

再来看火遍全中国的歌曲《野狼 disco》，乍一看歌名没什么特别的，但是细看其歌词内容，句句都是东北方言。歌手宝石 Gem 是地地道道的东北人，他用 Rap 的演唱方式，将东北的特色以东北方言的形式展现在人们面前。这首歌的歌词不仅押韵，而且通俗易懂，"干啥""整"这类的东北方言再配上独特的曲调，使人们都觉得既好听又好玩，容易唱。除了歌词部分吸引人，这首歌的 MV 也完全展示了东北地区的特色，如大秧歌、大绿棒啤酒等，无一不体现了东北的文化特色。而这首歌中最有特色的不仅是东北方言贯穿整首歌，中间还穿插了粤语部分，虽然后来港星翻唱了中间的粤语部分，但还是有很多听众认为东北味的粤语更有趣、更有味道。东北话和粤语的结合，也是文化的融合。这首歌也再一次把东北方言推到了更多人面前，使更多的人喜欢上了东北方言、想要说东北方言。

参 考 文 献

［1］秦海燕，曹凤霞.东北方言的话语模式研究［M］.济南：齐鲁书社，2008.

［2］宋艳欣.东北方言文化名词及其反映的文化来源与类型：基于东北方言词汇库的调查［J］.辽宁工程技术大学学报，2018，20（6）：460-465.

［3］盛丽春.东北方言词汇的语义、语用特点：与普通话词汇之比较［J］.长春师范大学学报，2018，37（11）：54-58.

［4］盛丽春.东北方言词汇的构词类型［J］.哈尔滨师范大学社会科学学报，2018，9（6）：83-86.

［5］邹德文.历史事件与东北方言的形成及其层次问题［J］.吉林大学社会科学学报，2018，58（6）：184-194.

［6］郑路.东北方言与东北地域性格分析［J］.校园心理，2018，16（5）：371-373.

［7］司文凯，苏畅.清末民初时期东北方言形成概述［J］.文化创新比较研究，2018，2（24）：44-45.

［8］张明辉，李萌萌.东北方言副词研究综述［J］.河南科技学院学报，2019，39（11）：45-53.

［9］刘欣.东北方言泛义形容词"大"探析［J］.黑龙江工业学院学报，2019，19（11）：149-153.

［10］孙丽丽.汉语东北方言研究述论［J］.文化学刊，2019（7）：224-225.

［11］胡丛欢.东北方言形容词性四字格的重音模式及构词机制研究［J］.汉字文化，2019（13）：41-44.

［12］王思文，宋凤娟.东北方言艺术创作的特点和艺术性探究［J］.产业与科技论坛，2019，18（7）：154-155.

［13］宋艳欣.基于语料库的东北方言名词来源、类型与文化蕴含调查［J］.渤海大学学报，2019，41（2）：116-121.

［14］浦姝言，刘岩．东北民间艺术中地域方言的独特魅力［J］．戏剧之家，2020（19）：211.

［15］李海燕．探析东北方言的特点及在民歌中的应用［J］．艺术研究，2020（2）：74-75.

［16］孙晓峰．东北方言词汇探究：以小说《鬼吹灯》为例［J］．集宁师范学院学报，2020，42（2）：55-58.

［17］刘秀慧，白庆新．从东北民间艺术看东北语言特色［J］．绥化学院学报，2021，41（11）：84-87.

［18］朱玉莹．东北方言词泛化现象研究［J］．名作欣赏，2021（29）：165-166.

［19］仇青，李光杰．从新时代的社会视域看清末民初东北方言词源构成［J］．经济师，2021（8）：227-228.

［20］凌满婷．东北方言名词和动词词尾"的"：以哈阜片内蒙古通辽为例［J］．文化学刊，2021（2）：200-202.

［21］张瑶．东北方言四音节词的韵律特征研究［J］．今古文创，2021（6）：109-110.

［22］孙玉龙，范立君．东北方言的文化艺术价值及其应用研究：评《东北方言与文化》［J］．领导科学，2021（2）：128.